# Erfolgreich als Handelsvertreter

Andreas Paffhausen

# Erfolgreich als Handelsvertreter

9 Bausteine für nachhaltige Beziehungen zu Marktpartnern und mehr Profit

Andreas Paffhausen
Linz, Deutschland

ISBN 978-3-658-15202-4      ISBN 978-3-658-15203-1  (eBook)
DOI 10.1007/978-3-658-15203-1

Die Deutsche Nationalbibliothek verzeichnet diese Publikation in der Deutschen Nationalbibliografie; detaillierte bibliografische Daten sind im Internet über http://dnb.d-nb.de abrufbar.

Springer Gabler
© Springer Fachmedien Wiesbaden 2017
Das Werk einschließlich aller seiner Teile ist urheberrechtlich geschützt. Jede Verwertung, die nicht ausdrücklich vom Urheberrechtsgesetz zugelassen ist, bedarf der vorherigen Zustimmung des Verlags. Das gilt insbesondere für Vervielfältigungen, Bearbeitungen, Übersetzungen, Mikroverfilmungen und die Einspeicherung und Verarbeitung in elektronischen Systemen.
Die Wiedergabe von Gebrauchsnamen, Handelsnamen, Warenbezeichnungen usw. in diesem Werk berechtigt auch ohne besondere Kennzeichnung nicht zu der Annahme, dass solche Namen im Sinne der Warenzeichen- und Markenschutz-Gesetzgebung als frei zu betrachten wären und daher von jedermann benutzt werden dürften.
Der Verlag, die Autoren und die Herausgeber gehen davon aus, dass die Angaben und Informationen in diesem Werk zum Zeitpunkt der Veröffentlichung vollständig und korrekt sind. Weder der Verlag noch die Autoren oder die Herausgeber übernehmen, ausdrücklich oder implizit, Gewähr für den Inhalt des Werkes, etwaige Fehler oder Äußerungen.

Lektorat: Manuela Eckstein

Gedruckt auf säurefreiem und chlorfrei gebleichtem Papier

Springer Gabler ist Teil von Springer Nature
Die eingetragene Gesellschaft ist Springer Fachmedien Wiesbaden GmbH
Die Anschrift der Gesellschaft ist: Abraham-Lincoln-Str. 46, 65189 Wiesbaden, Germany

# Warum Sie dieses Buch lesen sollten

Auf dem Weg, den ein Produkt vom Hersteller zum Endabnehmer nimmt, hat sich in den vergangenen Jahren die Wettbewerbssituation kontinuierlich verschärft. Steigende Kundenansprüche, der stetige Kampf um nachhaltige Kundenbeziehungen und die Transparenz globaler Märkte haben den Kosten- und Leistungsdruck erhöht. Dazu kommt, dass sich Markt- und Branchengrenzen laufend ändern und sich neu formieren. In diesem von gravierenden Veränderungen geprägten Umfeld werden neue Leistungsanforderungen an den Vertrieb gestellt. Daher stellt sich auch für die Handelsvertretungen die Frage: Wie müssen wir uns zukünftig ausrichten, um zusätzliche Marktfelder erschließen und unsere Position festigen zu können?

**Rentabilität hat Vorrang**
Die Attraktivität eines Vertriebskanals ist kein Selbstläufer. Ein Vertriebskanal muss ständig angesichts der sich wandelnden Marktanforderungen überprüft und dementsprechend angepasst werden. Es gibt eine Reihe von Marktfaktoren, die auch die Planung von Vertriebswegen in den vergangenen Jahren beeinflusst haben; so wird es auch in Zukunft der Fall sein. Unverändert geblieben ist beispielsweise das Bedürfnis nach einer ständig verbesserten Leistungsqualität. Daher wird die Qualität der Produkte und der Dienstleistungen, die eine Handelsvertretung anbietet, die Grundlage ihrer Vertriebsstrategie bilden.

Entscheidend wird auch sein, dass die Handelsvertretung alles daran setzt, ihre eigene Rentabilität und die ihrer vertretenen Unternehmen zu verbessern. Aber auch die Kunden wünschen sich Lieferanten und deren Repräsentanten, die sie bei der Steigerung ihrer Wirtschaftlichkeit unterstützen. Das kann über beratendes

Verkaufen mit dem Angebot von Alternativen erfolgen, damit der Kunde zu der besten Lösung seines Problems gelangt.

Die Handelsvertretungen werden nicht umhin kommen, sich zukünftig noch stärker als bisher zu Dienstleistern im Vertrieb zu entwickeln. Sie müssen für die Industrie die Marktpartner sein, mit denen die Vertriebsaufgaben erfolgreich und zu den bestmöglichen Kosten erledigt werden können. Insbesondere die kleinen und mittleren Hersteller werden zunehmend Probleme haben, bei einem eigenen angestellten Außendienst die Vertriebskosten in den Griff zu bekommen. Für viele Betriebe wird „Outsourcing Vertrieb" eine Lösungsmöglichkeit sein. Wenn es sich rechnet, die Qualität stimmt und die Führungsfragen einvernehmlich geklärt sind, werden Industriebetriebe, die bisher auf Reisende gesetzt haben, verstärkt ihre Vertriebsaufgaben an Handelsvertretungen übertragen.

**Wettbewerbsfaktor persönlicher Verkauf**
Chancen für Handelsvertretungen sind auch bei den Herstellerbetrieben zu sehen, die sich nicht mit ihren Produkten und durch Preiskämpfe von den Wettbewerbern abheben können. Für sie ist der Vertrieb mit seinen Leistungen möglicherweise der einzige und somit wichtigste Wettbewerbsfaktor. Da die Industrie mehr und mehr gefordert ist, zusätzlich zu ihren Produkten ein Beratungs- und Servicepaket anzubieten, können sich die Handelsvertretungen entsprechend einbringen. Sie sind in einem ständigen Kundenkontakt, kennen die Wünsche der Abnehmer vor Ort und wissen, wo der Schuh drückt.

Eine nicht unerhebliche Chance für die Handelsvertretungen stellt auch die steigende Zahl von Unternehmensneugründungen dar. Markteinführung und Vertrieb der Produkte neuer Anbieter finden in der Regel unter hohen Marktwiderständen statt und brauchen Marktpartner, die bereits Kundenbeziehungen haben. Auch ist der Vertrieb mit eigenen Mitarbeitern für eine Reihe dieser Unternehmen nicht zu realisieren, da Ressourcen fehlen oder das Fixkostenrisiko zu hoch ist.

Ähnliche Chancen liegen ferner in der Intensivierung des Importgeschäfts durch die Hinzunahme ausländischer Vertretungen. Für die Exportstrategien kleiner und mittlerer Hersteller stellt die Zusammenarbeit mit Handelsvertretungen oft die einzige Möglichkeit zur Markterschließung in Deutschland dar. Diese Internationalisierung bedeutet für die Handelsvertretungen eine wichtige Zukunftsperspektive.

**Networking schafft neue Märkte**
Im Zuge der Verbreitung neuer Arbeits- und Organisationsformen entstehen vermehrt Netzwerke aus kleinen Unternehmen, die je nach Kundenauftrag kooperieren und sich flexibel formieren. Hierdurch ergeben sich Vorteile bei der Marktdurchdringung. Eine solche Strategie bedeutet für den Vertrieb ein Abrücken vom „schlichten Verkaufen". Auch für Handelsvertretungen ist dieses Networking mit Wertschöpfungspartnern im Rahmen der Dienstleistungen rund um das Verkaufen möglich. Netze mit Transportunternehmen, Lagerbetrieben, Werbeagenturen oder Marktforschungsinstituten sind beispielsweise denkbar.

**Service ist Trumpf**
Wenn ein Hersteller keinen Service oder keine Dienstleistungen anbietet, solche aber von den Kunden gefordert werden, ist dies nicht nur für den Herstellerbetrieb, sondern auch für die Handelsvertretung eine Chance für zukünftiges Wachstum. Oft werden die Möglichkeiten des Services von Herstellern nicht ausgeschöpft, sondern nur eingeschränkte Dienstleistungen auf Kundenanfrage angeboten und nicht aktiv offeriert. Natürlich muss sich die Übernahme von Dienstleistungen auch lohnen. Ein Einsatz von Zeit und Kosten ohne finanziellen Rückfluss und ohne Profit widerspricht unternehmerischem Tun. Daher wird man nicht umhin kommen, den Vertragspartnern klar zu machen, dass eben diese Leistungen – in welcher Form auch immer – vergütet werden müssen.

**Überleben im E-Business**
Durch das Internet sind neue Vertriebswege und elektronische Marktplätze entstanden, die auch für kleine Unternehmen relativ leicht zugänglich sind und überregionale Präsenz ermöglichen. Hier stellt sich zwangsläufig die Frage, ob der Verkauf durch Außendienstmitarbeiter in der heutigen Zeit des E-Business noch sinnvoll oder eher ein Anachronismus ist. Hier überwiegt die Expertenmeinung, dass der persönliche Verkauf weiterhin eine wichtige Rolle spielen wird. Insbesondere in den B-to-B-Märkten mit ihren komplexen Produkten wünschen die Kunden einen strategischen Partner, der über viele Jahre eine enge Beziehung aufgebaut hat, der nicht nur Produkte, sondern auch Beratung anbietet und der die Entscheidungswege und internen Abläufe beim Kunden kennt.

Die Individualisierung von Leistungen ist nur möglich, wenn umfassende Informationen über die Kunden zur Verfügung stehen. Diese Informationen müssen über die Kundenschnittstelle und somit über diejenigen, die im Vertrieb tätig sind, in die Herstellerbetriebe einfließen. Da Unternehmen dazu übergehen, durch Verzicht auf Handelsstufen den Vertrieb verstärkt in die eigenen Hände zu nehmen und damit die Kontrolle über eben diese Kundenschnittstelle zu erhöhen, ist es für Handelsvertretungen besonders wichtig zu zeigen, dass sie als Vertriebspartner für die kundenorientierte Leistungserbringung ebenso geeignet sind wie die herstellereigenen Mitarbeiter.

**Erfolgreich sein im Vertrieb der Zukunft**
Der Vertrieb steht seit Jahren verstärkt im Zentrum der Aufmerksamkeit. Die steigende Zahl an Publikationen, Seminaren und Kongressen dokumentiert diese Entwicklung. Auch wenn es unterschiedliche Ansichten bei den Maßnahmen zur Optimierung der Vertriebsleistungen gibt, sind sich die Experten in folgender Hinsicht einig:

- „Der Vertrieb wird immer wichtiger": Gute Produkte allein sind kein Garant mehr für Erfolg.
- „Der Vertrieb wird immer schwieriger": Weitgehend gesättigte, wettbewerbsintensive Märkte engen die Spielräume ein.
- „Der Vertrieb muss optimiert werden": Schlanke Strukturen, marktorientierte Strategien, motivierte Mitarbeiter und rentable Leistungen sind notwendig.

Die Handelsvertretungen müssen die Entwicklungen aufmerksam verfolgen und sich an geeigneter Stelle positionieren und profilieren. Dieses Buch will hierfür Impulse und Hilfestellungen geben. Angesprochen werden mit den „9 Bausteinen" Handelsvertreter, die schon seit vielen Jahren in der Praxis tätig sind, und Newcomer, die wissen wollen, wie man eine erfolgreiche Handelsvertretung aufbaut. Antworten werden auf folgende Fragestellungen gegeben:

- Wie wählt man die richtige Vertretung aus?
- Wie bewirbt man sich um eine neue Vertretung?

- Was muss man über den Provisionssatz wissen?
- Welche Serviceleistungen müssen erbracht werden?
- Wie werden Mitarbeiter eingesetzt und geführt?
- Welche Kennzahlen sind für die Betriebsführung notwendig?
- Wie pflegt man die Geschäftsbeziehungen zu den Marktpartnern?
- Wozu braucht man Marketing?
- Wo liegen die Stärken und Schwächen meiner Handelsvertretung?

# Inhaltsverzeichnis

1 **Baustein 1: Wer die Wahl hat, hat die Qual – So wählt der Handelsvertreter die richtige Vertretung aus**................... 1

2 **Baustein 2: Bewerben ist wie Verkaufen – Wie bewirbt sich der Handelsvertreter um eine neue Vertretung**................. 7
   2.1 Gründliche Vorbereitung ist wichtig ....................... 8
   2.2 Neugier der Entscheider wecken .......................... 10
   2.3 Aussagekräftige Präsentationsunterlagen................... 11
   2.4 Die persönliche Seite der Bewerbung ..................... 11
   Quellen .................................................... 12

3 **Baustein 3: Black Box Provision – Was Handelsvertreter von ihrem wichtigsten Gewinntreiber wissen müssen**........... 13
   3.1 Die Handelsvertretung braucht eine leistungsgerechte Vergütung............................................. 14
   3.2 Provisionsverhandlungen sind Preisverhandlungen............. 16
   3.3 Das Leistungsangebot der Handelsvertretung als Kalkulationsgrundlage für den Provisionssatz................ 19
   3.4 Die Kosten einer Handelsvertretung als Berechnungsbasis für die Provision....................................... 21
   Quellen .................................................... 26

4 **Baustein 4: Der Service macht den Unterschied – Wie Dienstleistungen das Geschäftsmodell der Handelsvertretung zukunftsfähig machen**..................... 27
   4.1 Die Bedeutung zusätzlicher Dienstleistungen für die Handelsvertretungen.................................... 30

| | | | |
|---|---|---|---|
| 4.2 | | Die Erfassung der Kosten zusätzlicher Dienstleistungen und die Berechnung von Preisen | 34 |
| | 4.2.1 | Wie kann eine Handelsvertretung mit Dienstleistungen Geld verdienen? | 35 |
| | 4.2.2 | Preiskalkulation mittels Verrechnungseinheiten | 36 |
| | 4.2.3 | Berechnung des Dienstleistungspreises durch Erfassen und Berechnen von Einzel- und Gemeinkosten | 38 |
| | 4.2.4 | Erfassen und Verrechnung der Kosten für Lagerhaltung | 39 |
| | 4.2.5 | Erfassung und Verrechnung der Kosten für Auslieferungen von Produkten | 40 |
| | 4.2.6 | Erfassung und Berechnung der Kosten für Marktforschung | 41 |
| 4.3 | | Zehn Tipps für das Angebot mit Dienstleistungen | 41 |
| Quellen | | | 45 |

**5 Baustein 5: Mitarbeiter gut, alles gut – Qualifizierte Mitarbeiter als Erfolgspotenzial einer Handelsvertretung** ............ 47

| | | | |
|---|---|---|---|
| 5.1 | | Engpassfaktor Personal | 48 |
| | 5.1.1 | Prima Klima | 48 |
| | 5.1.2 | Anreize mobilisieren | 49 |
| | 5.1.3 | Weiterbildung tut not | 49 |
| 5.2 | | Die richtige Entlohnung der Mitarbeiter in Handelsvertretungen | 50 |
| | 5.2.1 | Wer gut verkauft, verdient auch mehr | 51 |
| | 5.2.2 | Beim Festgehalt geht Sicherheit vor Motivation | 51 |
| | 5.2.3 | Garantieeinkommen mit Anreiz | 52 |
| | 5.2.4 | Berechnungsgrößen und Provisionsbasis | 52 |
| | 5.2.5 | Feinsteuern mit Prämien | 53 |
| | 5.2.6 | Dienstwagen als Anreizmittel | 54 |
| 5.3 | | Die Kosten von Außendienstmitarbeitern in einer Handelsvertretung | 54 |

**6 Baustein 6: Vom Blindflug zum Sichtflug – Kennzahlen sind für Handelsvertreter ein unentbehrliches Führungsinstrument** ............ 61

| | | |
|---|---|---|
| 6.1 | Aufgaben von Kennzahlen | 62 |
| 6.2 | Wichtige Kennzahlen der Handelsvertretung | 63 |

|  |  | 6.2.1 | Wie entwickeln sich die Leistungen in der Handelsvertretung?..................... | 64 |
|---|---|---|---|---|
|  |  | 6.2.2 | Einnahmen bezogene Kennzahlen.................... | 66 |
|  |  | 6.2.3 | Wie entwickeln sich die Kosten?..................... | 67 |
|  |  | 6.2.4 | Was kostet ein Kundenbesuch?...................... | 68 |
|  |  | 6.2.5 | Was kostet der Kundenbesuch eines Außendienstmitarbeiters?........................... | 69 |
|  | 6.3 | Kennzahlen für die Personalführung........................ | | 69 |

**7 Baustein 7: Scheiden tut meistens weh – Die Pflege der Geschäftsbeziehungen mit den vertretenen Unternehmen ist eine diffizile Aufgabe**........................ 73

    7.1 Ursachen für Konflikte zwischen Handelsvertretung und vertretenen Unternehmen............................... 74

        7.1.1 Mängel in der Arbeitsqualität....................... 74

        7.1.2 Umsatzentwicklung als Bruchstelle.................. 75

        7.1.3 Neid als Nährboden für Konflikte ................... 75

        7.1.4 Mängel im persönlichen Verhalten................... 76

        7.1.5 Unternehmenspolitik als Reibungspotenzial ............ 76

    7.2 Stabile Bindungen bringen beiden Marktpartnern Vorteile ....... 77

    Quellen................................................. 78

**8 Baustein 8: Kurs Kunde – Warum sich Handelsvertretungen mit Marketing beschäftigen müssen**........................ 79

    8.1 Die zweiseitige Ausrichtung des Marketings einer Handelsvertretung ...................................... 82

    8.2 Grundelemente des Marketings........................... 83

    8.3 Die marketingpolitischen Instrumente....................... 87

        8.3.1 Produkt- und Sortimentspolitik ..................... 87

        8.3.2 Preis-/Konditionenpolitik.......................... 95

        8.3.3 Distributionspolitik.............................. 105

        8.3.4 Kommunikationspolitik .......................... 111

    8.4 Marketingkonzeption..................................... 127

**9 Baustein 9: „Neue Qualität im Vertrieb" – Mit dem Schnelltest zu den Stärken und Schwächen einer Handelsvertretung** ......................................... 133

    9.1 Schnelltest 1: Beurteilung des Vertretungssortiments ........... 136

    9.2 Schnelltest 2: Beurteilung der Marktposition und der Marktstrategien........................................ 138

| | | |
|---|---|---|
| 9.3 | Schnelltest 3: Beurteilung der Marktbearbeitung | 139 |
| 9.4 | Schnelltest 4: Beurteilung der Mitarbeiter | 142 |
| 9.5 | Schnelltest 5: Beurteilung der Geschäftsführung | 143 |
| 9.6 | Schnelltest 6: Beurteilung der betrieblichen Rahmenbedingungen | 144 |

# Der Autor

**Dr. Andreas Paffhausen, Diplom-Kaufmann,** hat an der Universität zu Köln Betriebswirtschaftslehre studiert. Er war viele Jahre Hauptgeschäftsführer der Centralvereinigung Deutscher Wirtschaftsverbände für Handelsvermittlung und Vertrieb (CDH) in Berlin sowie Dozent an verschiedenen deutschen Hochschulen und hat zu den unterschiedlichsten Themen aus dem Bereich der Handelsvertretungen Fachbücher veröffentlicht. Andreas Paffhausen ist beratend tätig mit der berlinz consulting UG.

**Kontakt:**
andreas.paffhausen@t-online.de
info@berlinz-consulting.de

# Baustein 1: Wer die Wahl hat, hat die Qual – So wählt der Handelsvertreter die richtige Vertretung aus

▶ Fluktuationen im Vertretungssortiment der Handelsvertretungen sind beachtlich. Wie Statistiken zeigen, wird bei fast jeder zweiten Handelsvertretung jährlich die Zusammenarbeit mit einer vertretenen Firma beendet oder finden Neuzugänge statt. Insofern ist leicht abzuleiten, welche Bedeutung es für eine Handelsvertretung hat, die richtige Vertretung aus den Vertretungsangeboten auszuwählen. Denn jeder Wechsel im Vertretungssortiment bedeutet neue Herausforderungen in der Beziehungspflege mit den vertretenen Unternehmen, im Umgang mit neuen Produkten und Kunden.

Daher ist es für jede Handelsvertretung sehr wichtig, Überlegungen bezüglich der Beurteilung neu aufzunehmender Vertretungen oder der Überprüfung des gesamten Vertretungsbestandes auf eine fundierte Informationsbasis zu stellen. Die Situation der Handelsvertretung selbst und die der vertretenen Unternehmen sind anhand verschiedener Kriterien zu analysieren. Die hier gezeigten Checklisten helfen dem Handelsvertreter, systematisch die Vertretung zu finden, die ihm langfristig Erfolg bringt.

Was für einen Industriebetrieb die Produkte sind oder für den Handel das Warensortiment, sind für Handelsvertretungen die Vertretungen. Hiermit stehen und fallen die Kundenbeziehungen, hiermit steht und fällt der Erfolg. Grundlage einer erfolgreichen Handelsvertretung sind daher im Wesentlichen die Qualität jeder einzelnen übernommenen Vertretung und die richtige Zusammensetzung des Vertretungssortiments. Deswegen gehören zu den wichtigsten Führungsaufgaben eines Handelsvertreters

- die kritische Überprüfung bereits übernommener Vertretungen,
- die Kontrolle der Zusammensetzung des Vertretungssortiments sowie
- die Suche und Beurteilung möglicher, neu aufzunehmender Vertretungen.

Entscheidungen bezüglich der Auswahl und der Kombination von Vertretungen sind mit großen Risiken behaftet und haben – langfristig gesehen – gravierende Auswirkungen auf die Existenz einer Handelsvertretung. Um Überlegungen über einzelne Vertretungen und das Sortiment auf eine solide Basis zu stellen und um Fehlentscheidungen zu vermeiden, ist es daher unbedingt notwendig, eine Vielzahl von Informationen heranzuziehen und die Sachverhalte gegeneinander abzuwägen.

Hierzu wollen wir mit diesem Baustein eine Entscheidungshilfe anbieten. Anhand verschiedener Checklisten können die unterschiedlichen Aspekte systematisch erfasst werden. Es handelt sich um Checklisten für

- die Beurteilung der Handelsvertretung,
- die Beurteilung des zu vertretenden Unternehmens und
- die Gesamtbeurteilung.

Durch die vergleichende Betrachtung der wichtigsten positiven und negativen Ausprägungen ist es möglich zu erkennen, welche Konsequenzen sich ergeben und welche Maßnahmen zu ergreifen sind (vgl. Tab. 1.1). Die Checklisten sind so

**Tab. 1.1** Gesamtbeurteilung einer neuen Vertretung

| Beurteilungsbereiche | Positive Ergebnisse | Negative Ergebnisse | Auswirkungen/ Maßnahmen |
|---|---|---|---|
| Situation der eigenen Handelsvertretung | | | |
| Vertretungsbezirk/Kundenstruktur | | | |
| Erwartete Leistungen | | | |
| Situation des neu zu vertretenden Unternehmens | | | |
| Vergütung der Handelsvertreterleistungen | | | |
| Vertragliche Tatbestände | | | |
| Gesamturteil | | | |

# 1 Baustein 1: Wer die Wahl hat, hat die Qual …

abgefasst, dass sie für Handelsvertretungen aller Branchen anwendbar sind. Branchenspezifische und betriebsindividuelle Besonderheiten können durch eigene Ergänzungen oder Streichungen im Kriterienkatalog berücksichtigt werden. Die aufgeführten Kriterien beziehen sich in erster Linie auf die Auswahl einer neu angebotenen Vertretung. Die überwiegende Zahl ist aber auch hilfreich bei der Kontrolle bestehender Vertretungen sowie bei der Überprüfung des gesamten Vertretungssortiments.

**Qualitätscheck für eine neue Vertretung: Beurteilungsbereiche**
1. Situation der eigenen Handelsvertretung
2. Vertretungsbezirk/Kundenstruktur
3. Erwartete Leistungen
4. Situation des neu zu vertretenden Unternehmens
5. Vergütung der Handelsvertreterleistungen
6. Vertragliche Tatbestände
7. Gesamturteil

**Checkliste 1: Situation der eigenen Handelsvertretung**
1. Bietet das Produkt/bieten die Produkte der neu zu übernehmenden Vertretung eine sinnvolle Ergänzung zum bereits bestehenden Vertretungs-/Produktsortiment?
2. Sind Kollisionen mit den bereits vorhandenen Vertretungen/Produkten denkbar?
3. Handelt es sich bei den Produkten der angebotenen Vertretung eher um ein „Randsortiment", oder ist langfristig eine Entwicklung zu einer Hauptvertretung möglich?
4. Reichen die eigenen Kapazitäten (Personal, Räumlichkeiten, technische Ausstattung) aus, um eine Vertretung noch zusätzlich zu übernehmen?
5. Falls die vorhandenen Kapazitäten (Personal etc.) ausgeweitet werden müssen, ist dies wirtschaftlich vertretbar?
6. Ist es zweckmäßig, die angebotene Vertretung zu übernehmen und stattdessen eine bestehende zu kündigen? Liegen Produktergänzungen vor?
7. Ist die Kompetenz der eigenen Mitarbeiter für die neue Vertretung ausreichend?

### Checkliste 2: Vertretungsbezirk/Kundenstruktur
1. Wie wurde diese Vertretung bisher betreut? Warum erfolgte eine Trennung?
2. Deckt sich der angebotene Vertretungsbezirk mit dem Marktbearbeitungsbezirk meiner Handelsvertretung?
3. Wie hoch ist die Anzahl der bereits betreuten Kunden? Wie viele A-, B- und C-Kunden gibt es?
4. Wie viele potenzielle Kunden werden geschätzt? Wie viele davon sind als potenzielle A-Kunden einzuordnen?
5. Wie ist die Kundenstruktur im Bezirk der Handelsvertretung, z. B. hinsichtlich der Art, Größe und Betreuungsintensität zu beurteilen?
6. Welche Warenumsätze wurden in den letzten Jahren erzielt?
7. Welche bezirksspezifischen Besonderheiten (z. B. Konkurrenzverhältnisse, Traditionen) können sich auf den Verkauf der Produkte auswirken?

### Checkliste 3: Erwartete Leistungen
1. Wird von der Handelsvertretung ein eigenes Vertriebskonzept verlangt?
2. Müssen besondere Serviceleistungen erbracht werden, z. B. Auslieferungslager, Ersatzteillager, Logistik (z. B. Belieferung), Technischer Kundendienst, Regalpflege, Messebeteiligung, Marktforschung?
3. Welche Vorstellungen hat das neu zu vertretende Unternehmen hinsichtlich des Informationsaustauschs, z. B. Informationsbedarf, Art der Kommunikation, Frequenz der Kommunikation?

### Checkliste 4: Situation des neu zu vertretenden Unternehmens
1. Welche Bedeutung hat das Unternehmen in der Branche im Vergleich zu den Wettbewerbern?
2. Welche Entwicklung hat sich in den letzten Jahren vollzogen?
3. Welche Qualität besitzen die Produkte?
4. Wo liegen die Wettbewerbsvorteile und -nachteile?
5. Welche Unternehmenspolitik wird verfolgt (z. B. hinsichtlich Preis, Innovation, Expansion)?
6. Werden verschiedene Vertriebskanäle genutzt?
7. Leistet das Unternehmen Unterstützung bei der Verkaufstätigkeit?
8. Wer sind die maßgeblichen Gesprächspartner in der Vertriebsleitung?

### Checkliste 5: Vergütung der Handelsvertreterleistungen
1. Wie hoch ist der angebotene Provisionssatz?
2. Welche Abweichungen ergeben sich von den eigenen Vorstellungen oder vom „marktüblichen" Provisionssatz?
3. Werden zusätzliche Vergütungen für besondere Serviceleistungen angeboten?
4. Welche Abrechnungsmodalitäten wünscht das vertretene Unternehmen?
5. Werden Vorschusszahlungen geleistet?

### Checkliste 6: Vertragsrechtliche Tatbestände
1. Welche Vertragsdauer wird angeboten?
2. Ist der Vertretungsbezirk genau bezeichnet und abgegrenzt?
3. Werden bestimmte Kunden ausgenommen?
4. Sind Einstandszahlungen zu leisten?
5. Welches Recht wird vereinbart?

**Fazit**

Veränderungen im Vertretungssortiment der Handelsvertretungen sind gang und gäbe. So ergänzen Handelsvertreter sehr häufig ihre Sortimente durch neue Produkte. Oder es werden Vertretungen aufgegeben, wenn beispielsweise Produkte nicht mehr konkurrenzfähig sind und bei den Kunden keinen Anklang mehr finden. Außerdem werden Vertretungen durch die vertretenen Unternehmen gekündigt, oder Vertragsverhältnisse enden durch Konkurs der Industriebetriebe.

Wie Statistiken zeigen, findet bei fast jeder zweiten Handelsvertretung jährlich ein Abgang einer Vertretung, ein Zugang oder eine Veränderung in beiden Richtungen statt. Insofern ist leicht abzuleiten, welche Bedeutung es für eine Handelsvertretung hat, die richtige Vertretung aus den Angeboten auszuwählen. Die Entscheidung ist mit großen Risiken behaftet, die sich oftmals auch auf die Existenz einer Handelsvertretung auswirken kann. Denn jeder Wechsel im Vertretungssortiment bedeutet neue Herausforderungen in der Beziehungspflege mit den vertretenen Unternehmen, im Umgang mit neuen Produkten und Kunden. Außerdem führen Fehlentscheidungen unter anderem zu Einnahmeverlusten, oft zu höheren Kosten und Kundenverärgerung.

Daher ist es für jede Handelsvertretung sehr wichtig, Überlegungen bezüglich der Beurteilung neu aufzunehmender Vertretungen oder der Überprüfung des Vertretungsbestandes auf ein solides Fundament zu stellen. Die Situation der Handelsvertretung selbst und die der vertretenen Unternehmen sind anhand unterschiedlichster Kriterien zu analysieren. Dabei soll nach Möglichkeit die gesamte Bandbreite nützlicher Informationen zurate gezogen werden. Die hier gezeigten Checklisten helfen dem Handelsvertreter, systematisch die Vertretung zu finden, die ihm Erfolg bringt.

# Baustein 2: Bewerben ist wie Verkaufen – Wie bewirbt sich der Handelsvertreter um eine neue Vertretung

▶ Die Zahl der Industriebetriebe, die Handelsvertretungen für ihre Vertriebstätigkeiten suchen, ist durchaus groß, die Zahl der Interessenten häufig noch größer. Welcher Marktpartner letztendlich den Zuschlag erhält, entscheidet sich folglich bei der Art und Weise seiner Bewerbung. Deshalb ist eine professionelle Bewerbung eine wichtige Voraussetzung für eine erfolgreiche Zusammenarbeit. Jeder Handelsvertreter sollte sich daher bewusst machen, dass professionelles Bewerben wie professionelles Verkaufen funktioniert. Auch hier geht es darum, die Kundenwünsche genau zu verstehen, um dann ein möglichst passendes und präzises Angebot zu unterbreiten.

Entscheidend ist nicht, wer objektiv gesehen wirklich die beste Leistung anbietet oder der beste Bewerber ist, sondern wie er sich verkaufen und das suchende Unternehmen überzeugen kann. In diesem Kapitel wird gezeigt, wie ein inhaltlich und äußerlich perfekt gestaltetes Bewerbungspaket aussehen sollte, um die erste und möglicherweise wichtigste Hürde zu schaffen.

Fast täglich kommt es vor, dass Industriebetriebe auf der Suche nach Handelsvertretungen sind und Vertretungen anbieten. Aufseiten der Handelsvertretungen ist es so, dass – laut den statistischen Erhebungen der CDH, Berlin (Institut für Handelsvermittlung und Vertrieb CDH 2014) – in jeder vierten Handelsvertretung pro Jahr eine neue Vertretung hinzukommt. Die Gründe hierfür sind unterschiedlich: Mal wird das Vertretungssortiment ergänzt, mal wird der Verlust einer Vertretung kompensiert. Wie bei vielen Märkten ist auch bei den Vertretungen die Nachfrage größer als das Angebot, d. h. für ein Vertretungsangebot interessieren sich meistens mehrere Handelsvertretungen. Der Industriebetrieb, der einen Vertriebspartner sucht, hat also den Vorteil, aus einem Kreis von Bewerbern den aus seiner

Sicht „richtigen" auszuwählen. Daher sind die Ansprüche, die von der Industrie an die Handelsvertretungen gestellt werden, entsprechend hoch – durchaus mit steigender Tendenz. Und dies beginnt schon beim ersten Kontakt.

Eine erfolgreiche Bewerbung funktioniert wie erfolgreiches Verkaufen. Folglich müssen Inhalt und Gestaltung einer Bewerbung den gleichen grundlegenden Kriterien folgen wie eine Verkaufsanbahnung Kaapke und Nagel (2008). Im Wesentlichen müssen die eingereichten Unterlagen folgende Fragen beantworten:

- Warum bewirbt sich eine Handelsvertretung?
- Was bietet sie?
- Wird die Zusammenarbeit möglich und erfolgreich sein?

## 2.1 Gründliche Vorbereitung ist wichtig

Wenn eine Bewerbung von Erfolg gekrönt sein soll, ist eine gründliche Vorbereitung unabdingbar. Zunächst sind umfassende Informationen über den potenziellen Geschäftspartner unerlässlich. Schon hier klärt sich häufig die Frage, ob man überhaupt zueinander passt. Die benötigten Daten können aus verschiedenen Quellen beschafft werden:

- aus dem Internet
- aus Geschäftsberichten
- aus Gesprächen mit Kunden
- aus Gesprächen mit anderen vertretenen Firmen
- aus Gesprächen mit Kollegen
- aus sonstigen Publikationen

Bevor man dann die Bewerbung mit allen Unterlagen erstellt, ist es unumgänglich, das Vertretungsangebot genauestens zu studieren und zu prüfen, ob eine Bewerbung überhaupt sinnvoll ist. Sodann sind die Punkte herauszufiltern, auf die im Anschreiben oder an anderer Stelle eingegangen werden muss. Eine solche Analyse kann anhand folgender Fragen vorgenommen werden:

> **So prüfen und bewerten Sie ein Vertretungsangebot**
>
> **Wer bietet an?**
>
> - Unternehmens- und Kontaktdaten

## 2.1 Gründliche Vorbereitung ist wichtig

- Anschrift
- Ansprechpartner
- Bewerbungsweg (Brief, E-Mail etc.)
- Standort und Größe des Unternehmens
- Branche des Unternehmens

**Was wird angeboten?**

- Grund des Angebotes
- konkrete Aufgabenbezeichnung
- Aufgabenbeschreibung
- Verantwortungsumfang
- Vertriebsgebiet
- Kundenkreis
- Entwicklungsmöglichkeiten oder -chancen

**Was wird geboten?**

- Informationen über das Unternehmen z. B. angebotene Produkte bzw. Dienstleistungen, Kundengruppen, Position am Markt etc.
- Gebietsschutz/Kundenschutz
- Vergütung
- Einarbeitungsmodalitäten

Die im Rahmen der Analyse des Vertretungsangebotes gesammelten Informationen offenbaren im Idealfall detailliert, wer wen für welche Aufgaben und unter welchen Bedingungen als Geschäftspartner im Vertrieb sucht. Der Handelsvertreter erhält dadurch Anhaltspunkte zur Gestaltung seiner Bewerbung. Das Bewerbungspaket sollte folgendes enthalten:

- Anschreiben
- Präsentation der Handelsvertretung
- Darstellung des Handelsvertreters
- Anlagen.

## 2.2 Neugier der Entscheider wecken

Im Anschreiben ist auf die im Vertretungsangebot genannten Anforderungen einzugehen. Außerdem soll kurz und präzise beschrieben werden, warum die sich bewerbende Handelsvertretung diesen Anforderungen gerecht werden kann. Hierbei kommt es vor allem darauf an, die Neugierde des Entscheiders zu wecken, sodass er auch die noch folgenden Unterlagen in Augenschein nimmt. Erfüllt sein sollten die klassischen Anforderungen der Werbepsychologie, nämlich:

- *Attention:* Aufmerksamkeit beim Anbieter wecken
- *Interest:* Interesse beim Anbieter wecken
- *Desire:* den Wunsch zum Kennenlernen des Handelsvertreters und seiner Firma auslösen
- *Action:* eine Entscheidung zur Übergabe der Vertretung und zu gemeinsamem Handeln provozieren

Am besten gelingt es, die Aufmerksamkeit zu erzielen, wenn das Anschreiben ein genaues Bild der sich bewerbenden Handelsvertretung zeichnet, entsprechend der folgenden Fragen:

- Weshalb ist die Handelsvertretung fachlich und personell geeignet, die Vertriebsaufgaben für das anbietende Industrieunternehmen zu übernehmen?
- Welche Erfahrungen bei den Kunden und im Marktsegment liegen vor?

Diejenigen, die in einem Industriebetrieb für den Vertrieb verantwortlich sind, interessieren sich möglicherweise auch für die Motive eines Handelsvertreters zur Übernahme der angebotenen Vertretung. Das Anschreiben sollte einen Vertriebsleiter in wenigen Minuten dazu bringen, eine Bewerbung positiv zu beurteilen. Wichtig ist deshalb:

▶ Der Handelsvertreter sollte dem Entscheider das Gefühl geben, dass er als Marktpartner sorgfältig und zuverlässig tätig sein wird. Ordentliche Unterlagen und eine perfekte Rechtschreibung sollten daher selbstverständlich sein.

Die Bewerbung sollte nicht beliebig wirken. Der Handelsvertreter sollte deutlich machen, warum ausgerechnet er mit seiner Handelsvertretung die Vertriebsaufgaben für das suchende Unternehmen übernehmen möchte.

## 2.3 Aussagekräftige Präsentationsunterlagen

Wenn sich eine Handelsvertretung um eine neue Vertretung bewirbt, muss die Präsentation der Leistungen, Kompetenzen und Potenziale im Vordergrund stehen. Deshalb ist es besonders wichtig, dass die Unterlagen die wesentlichen Fakten enthalten. Außerdem sollte die Darstellung lesefreundlich und optisch ansprechend gestaltet sein sowie einer klaren Struktur folgen. Es bietet sich an, die Präsentationsinhalte wie folgt zu gliedern:

- Philosophie der Handelsvertretung
- Entwicklung der Handelsvertretung
- Leistungs-/Produktprogramm (ggf. vertretene Unternehmen)
- Organigramm (Außendienst, Innendienst)
- Mitarbeiter
- Verkaufs-/Vertretungsgebiete
- Kunden und Kundenstruktur
- technische Ausstattung (EDV, Fuhrpark, Lager etc.)
- Referenzen/Presse/Prospekte/Broschüren
- Internetauftritt der Handelsvertretung
- Anfahrtsskizze und Kontaktdaten

## 2.4 Die persönliche Seite der Bewerbung

Dreh- und Angelpunkt bei der Führung einer Handelsvertretung und für das laufende Geschäft ist meistens der Inhaber. Er steht auch in ständigem Kontakt mit der Vertriebsabteilung des vertretenen Unternehmens. Die Gestaltung der persönlichen Beziehung zwischen den Mitarbeitern des Vertriebs und dem Handelsvertreter ist somit essenziell. Daher darf die Darstellung des Handelsvertreters selbst bei einer Bewerbung um eine Vertretung nicht vernachlässigt werden. Es bietet sich an, den Bewerbungsunterlagen einen tabellarischen Lebenslauf beizufügen und diesen in folgende Rubriken aufzuteilen:

- Persönliche Daten (Geburtsdatum, Geburtsort, Familienstand)
- Ausbildung (Schule, Hochschule, Berufsausbildung)
- Tätigkeiten
- Weiterbildung
- Weitere Kenntnisse (Sprachen, EDV, Qualifikationen)
- Sonderinformationen (Praktika, Auslandserfahrungen)

**Fazit**
Bei Bewerbungen – ganz gleich auf welchem Gebiet – erhält häufig genug nicht immer der Beste den Zuschlag. Denn oft fehlt es an anwendbaren und objektiven Maßstäben, die es beispielsweise dem Unternehmen, das einen Handelsvertreter sucht, erlauben, zwischen den verschiedenen „Dienstleistungsangeboten" – also den verschiedenen Bewerbern – auszuwählen. Diese Leistungen sind erst in der Zukunft – wenn sie also erbracht sind – wirklich zu bewerten. Es zählt folglich nicht, wer objektiv gesehen wirklich die beste Leistung anbietet oder der beste Bewerber ist, sondern wie er sich verkaufen und das suchende Unternehmen überzeugen kann. Ein inhaltlich und äußerlich perfekt gestaltetes Bewerbungspaket ist enorm wichtig, um die erste und möglicherweise wichtigste Hürde zu schaffen.

## Quellen

Institut für Handelsvermittlung und Vertrieb CDH. (2014). *Handelsvertreter in Deutschland – Zahlen – Daten – Fakten 2014*. Berlin: CDH-Wirtschaftsdienst-GmbH.

Kaapke, A., & Nagel, M. (2008). *Bewerben ist wie Verkaufen – Was hat ein Handelsvertreter bei der Bewerbung um eine neue Vertretung zu beachten?* Berlin: CDH-Wirtschaftsdienst-GmbH.

# Baustein 3: Black Box Provision – Was Handelsvertreter von ihrem wichtigsten Gewinntreiber wissen müssen

▶ Beim Abschluss eines Handelsvertreter-Vertrages wird über die Höhe des Provisionssatzes meistens nicht verhandelt. Von den vertretenen Unternehmen wird überwiegend nur der „übliche Provisionssatz" gewährt, wobei gar nicht bekannt ist, wie dieser Wert überhaupt zustande kommt.

In jedem Wirtschaftsbetrieb müssen jedoch Überlegungen darüber angestellt werden, zu welchen Preisen die angebotenen Produkte und Dienstleistungen Chancen im Wettbewerb haben und auf dem Markt verkauft werden können. Dies gilt auch für die Handelsvertretung. Als Dienstleister im Vertrieb muss auch sie einen Preis für ihre Leistungen kalkulieren, der sich sowohl an den eigenen Kosten als auch an den Marktgegebenheiten orientiert.

In diesem Kapitel wird gezeigt, was ein Handelsvertreter über die Kalkulation seiner Provision wissen muss und wie wichtig die Vereinbarung eines individuellen Provisionssatzes ist. Denn der Provisionssatz ist sein wichtigster Gewinnbringer.

Den Begriff „Black Box" mit der Provision des Handelsvertreters in Zusammenhang zu bringen, verwirrt vielleicht zunächst einmal. Aber als „Black Box" bezeichnet man in verschiedenen Wissenschaftsbereichen ein Objekt, dessen innerer Aufbau und innere Funktionsweise unbekannt sind oder als nicht von Bedeutung erachtet werden. Die Motivation bei der Verwendung des Begriffs tendiert zu „das Innere interessiert (jetzt) nicht". Als ein solches Objekt ist auch der Provisionssatz der Handelsvertretung zu betrachten. Wie er in der Zusammenarbeit zwischen einer Handelsvertretung und einem vertretenen Unternehmen entstanden ist, ist meistens unbekannt oder interessiert eben nicht.

Anstatt den Provisionssatz nur „Pi mal Daumen" zu vereinbaren, sollte der Handelsvertreter sorgfältig kalkulieren. Denn – wie noch gezeigt wird – ist der Provisionssatz der wichtigste Gewinnbringer in einer Handelsvertretung.

## 3.1 Die Handelsvertretung braucht eine leistungsgerechte Vergütung

Jede Leistung hat ihren Preis. Dies gilt auch für die Handelsvertretung. Der Preis für die Tätigkeiten der Handelsvertretungen ist überwiegend die Provision. Verantwortlich für die Ertragslage in den Handelsvertretungen sind vor allem die Provisionseinnahmen, die aus den Vermittlungsgeschäften erzielt werden. Sie müssen ausreichen, um

- sämtliche Kosten zu decken,
- dem Inhaber ein Einkommen zu sichern, das seiner Tätigkeit angemessen ist,
- eine Verzinsung des eingesetzten Eigenkapitals zu erreichen und darüber hinaus
- einen Überschuss zu erwirtschaften, der gewährleistet, dass die Substanz des Handelsvertreterbetriebes auf Dauer erhalten bleibt.

Wenn die Einnahmequellen nicht mehr im erforderlichen Maße sprudeln und keine Möglichkeiten bestehen, die Kosten entsprechend zu senken, gerät die Handelsvertretung in eine kritische Situation. Es wird äußerst schwierig, die vom Markt gewünschten Leistungen zu erfüllen. Auf längere Sicht ist dann die Existenz vieler Betriebe gefährdet.

**Argumente für Provisionsverhandlungen mit vertretenen Unternehmen**
Der Handelsvertreter besitzt ein Dienstleistungsunternehmen, er selbst ist Unternehmer. Und als Unternehmer muss er im harten Wettbewerb messerscharf kalkulieren und auch unternehmerisch argumentieren können. Er muss wissen, welche Vertretungen rentabel sind und welche keinen Gewinn abwerfen. Die Argumente müssen sich einerseits aus den Leistungen ergeben, die seine Handelsvertretung den vertretenen Unternehmen anbietet, und andererseits aus der Kostensituation, die mit den erbrachten Leistungen verbunden ist. Nachstehend sind beispielhaft ein paar Argumente und Hinweise für Provisionsverhandlungen aufgeführt:

- **Gefahr für den Markterfolg der vertretenen Unternehmen**
  Jeder Industriebetrieb steht und fällt mit seinem Verkaufserfolg. Dieses Erfolgspotenzial zu sichern, ist deshalb erstes Gebot. Der Kontakt zum Kunden und die Kundenbindung sind in konjunkturell schwierigen Zeiten, bei zunehmender Konkurrenz und immer härter werdendem Wettbewerb entscheidende Kriterien für eine erfolgreiche Marktbearbeitung.

  Das bedeutet, dass die Vertriebsorganisation schlagkräftig und leistungsfähig sein muss. Sie muss vom vertretenen Unternehmen überzeugt und mit Begeisterung für dieses Unternehmen tätig sein. Sie muss sich aber auch den wachsenden Anforderungen des Marktes stellen können und – auch wenn outgesourct – in der Lage sein, in Personal und Technik zu investieren. Schließlich muss sie mit Zuversicht in die Zukunft blicken können. Dies stärkt die Motivation.

  Den Industriefirmen kann es folglich nicht gleichgültig sein, wenn die Gefahr besteht, dass die Handelsvertretung – ihr wichtiger Partner an der Schnittstelle zum Markt – unter einen bedrohlichen Kostendruck gerät. Dies führt zu einer gefährlichen Belastung des Vertriebsbereiches, nimmt den heute so notwendigen verkäuferischen Schwung und zwingt möglicherweise die Handelsvertreter, ihre Leistungen einzuschränken.

- **Vertriebsarbeit ist kostenintensiv**
  Jedes vertretene Unternehmen sollte bedenken, dass Aufträge nicht automatisch eingeholt werden, sondern das Ergebnis einer intensiven und kostspieligen Vorarbeit der Handelsvertretung sind. Die Kosten lassen sich kaum mindern. Handelsvertretungen sind Dienstleistungsbetriebe, in denen Rationalisierungsmöglichkeiten nur in begrenztem Maße vorhanden und meistens bereits ausgeschöpft sind.

  Unternehmen, die Reisende beschäftigen, rechnen mit Kostensteigerungen für den Außendienst von jährlich 5 bis 10 %. Beim Vertrieb über Handelsvertretungen sind die Erhöhungen bei den Personalkosten für die vertretenen Firmen nicht spürbar. Meistens werden sie vom Handelsvertreter aufgefangen und durch Umsatzsteigerung mehr oder weniger ausgeglichen. Aber durch den Verdrängungswettbewerb sind der Umsatzausweitung Grenzen gesetzt.

  Auch die vertretenen Unternehmen müssen sich mit diesen Entwicklungen in ihrem eigenen Interesse und im Hinblick auf die Existenzsicherung ihrer Partner im Vertrieb ernsthaft beschäftigen. Ein angestellter Reisendenstab ist auch nicht zu einem konstanten Kostenanteil am Umsatz zu unterhalten. Deshalb ist es eine Illusion zu glauben, dass bei steigenden Vertriebskosten und veränderten Marktbedingungen nur die Provision des Handelsvertreters auf Dauer konstant bleiben könnte. Es ist hier wie generell im Geschäft mit Produkten oder Dienstleistungen: Bei einem zu niedrigen Preis muss irgendwo an der Leistung gespart werden. Es kann aber nicht im Interesse der Industriebetriebe liegen, wenn der Handelsvertreter seine Leistungen aus Kostengesichtspunkten einschränken muss. Eine notwendige Anpassung der Provisionen in gewissen Zeitabständen sollte daher durchaus möglich sein.

Unsere Empfehlung ist daher, dass jeder Handelsvertreter sich eine Argumentationsmappe anlegen sollte. Darin hinein gehören alle Unterlagen, die Provisionsverhandlungen mit handfesten Argumenten untermauern können; beispielsweise zahlenmäßige und grafische Darstellungen über Preisindices, Kostenentwicklungen, Kalkulationshilfen etc.

- **Zeitfresser kosten Geld**
  Die verkaufsaktive Zeit, d. h. die Zeit, in der der Handelsvertreter und seine Mitarbeiter Umsätze tätigen und somit Geld verdienen, wird immer mehr eingeschränkt durch Vorbereitungszeit, Besuchszeitregelungen beim Kunden, durch Reisen auf verstopften Straßen, durch Wartezeiten etc. Untersuchungen belegen, dass die effektive Verkaufszeit, anders ausgedrückt, die Zeit, die mit den Kunden verbracht wird, heute im Durchschnitt nur noch ca. 20 bis 25 % beträgt. Aber gerade der persönliche Kontakt ist der wesentliche Erfolgsfaktor. Die unproduktive Zeit geht unverschuldet zulasten des Handelsvertreters, und er muss sie aus seinen Erfolgsprovisionen mitfinanzieren.

  Zu bedenken ist auch, dass sich im angestellten Außendienst mehr und mehr ein Tarifdenken mit festen Arbeitszeiten und einem ausgeprägten Freizeitbewusstsein breit macht. Handelsvertreter dagegen kennen keine 38-h-Woche, sondern stehen (fast) immer zur Verfügung. Auch das unternehmerische Denken und Handeln sowie das persönliche Engagement der Handelsvertreter wirken sich positiv auf die Umsatzentwicklung aus. Verkäufer sind am besten, wenn sie selbstständig sind. Das Arbeiten in kleinen Einheiten gehört heute zum Grundprinzip moderner Organisation und schafft die beste Motivation.

## 3.2 Provisionsverhandlungen sind Preisverhandlungen

Weit verbreitet ist die Meinung, dass Handelsvertreter, wenn sie eine Vertretung neu übernehmen wollen, den erforderlichen Provisionssatz gar nicht kalkulieren können. Daher bestimmt das vertretene Unternehmen, das die Dienstleistung

## 3.2 Provisionsverhandlungen sind Preisverhandlungen

eines Handelsvertreters in Anspruch nehmen will, selbst den Preis, den es dafür zu zahlen bereit ist. Dahin sollte es der Handelsvertreter nicht kommen lassen. Er soll – und kann – mindestens annähernd berechnen, welcher Provisionssatz für die Bearbeitung einer bestimmten Vertretung vereinbart werden muss, damit die Provisionseinnahmen kostendeckend und gewinnbringend sind.

Wichtig ist vor allen Dingen, dass notwendige Berechnungen bereits vor Vertragsabschluss aufgestellt werden und ein „Provisions-Angebot" bei den Bewerbungsverhandlungen vorgelegt wird. Dies verhindert, dass vage Vorstellungen oder aber auch Versprechungen über mögliche Provisionseinnahmen sich nicht verwirklichen. Und außerdem zeigt die Erfahrung, dass gerade bei den Verhandlungen über die Provision der Handelsvertreter später niemals mehr in einer so starken Verhandlungsposition ist wie vor seiner Unterschrift unter den Vertretungsvertrag.

Oft ist es auch so, dass die angebotene Vertretung bereits vorher von einer anderen Handelsvertretung in diesem Bezirk bearbeitet worden ist. Das vertretene Unternehmen wird dann üblicherweise den angebotenen Provisionssatz mit der Angabe der durchschnittlichen Provisionseinnahmen verbinden, um dem „neuen" Handelsvertreter zu zeigen, wie groß die Einnahmemöglichkeiten sind. Diese Information ist sicherlich hilfreich, um sich ein Bild von der Ergiebigkeit dieser Vertretung oder dieses Vertretungsbezirks machen zu können. Sie sagt jedoch nichts über die Rentabilität dieser Vertretung aus. Denn das Tätigkeitsgebiet, die Kundenstruktur, die Zusammensetzung des Vertretungssortimentes und vor allen Dingen die Kostenstruktur des „Vorgängers" können sehr stark abweichen. In diesem Falle ist es zweckmäßig, eine Nachkalkulation vorzunehmen, damit ermittelt werden kann, ob sich die Übernahme dieser Vertretung nach betriebswirtschaftlichen Gesichtspunkten überhaupt lohnt.

Bei Verhandlungen über eine Erhöhung der Provisionssätze wird der Handelsvertreter von den vertretenen Firmen häufig darauf hingewiesen, dass Preiserhöhungen geplant seien und die Provisionseinnahmen somit steigen werden. Hierbei gilt es zu bedenken, dass das Anheben der Preise erst einmal von den Kunden akzeptiert werden muss und sich die Bestellmenge auch zum Nachteil der Handelsvertretung verändern kann.

**Wie beeinflussen die zentralen Gewinntreiber den Gewinn in einer Handelsvertretung?**
Und abschließend zu diesem Kapitel noch ein weiterer Aspekt: Handelsvertretungen verkaufen oder vermitteln Produkte nicht, weil sie das besonders gut können oder weil es ihnen Spaß bereitet, sondern weil sie damit einen bestimmten Zweck verfolgen, nämlich einen Gewinn zu erzielen. Die zentralen

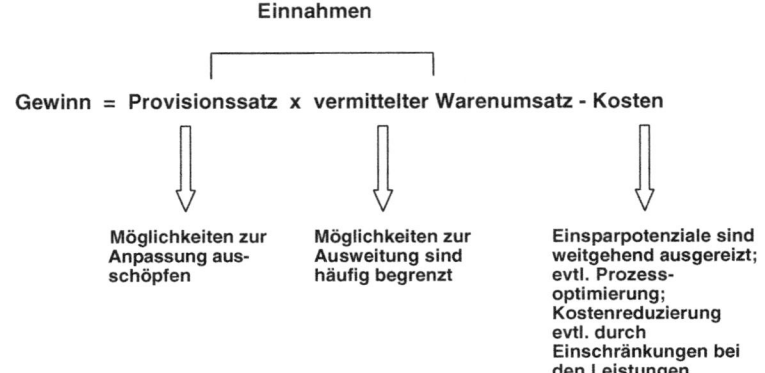

**Abb. 3.1** Die drei Gewinntreiber in einer Handelsvertretung

Bestimmungsfaktoren des Gewinns einer Handelsvertretung sind aus der Perspektive des Marktes der vermittelte Warenumsatz bzw. der erzielte Provisionsumsatz und aus der innerbetrieblichen Sicht die Kosten (vgl. Abb. 3.1). Um also den Gewinn positiv zu beeinflussen, können Maßnahmen durchgeführt werden, mit denen einerseits die Absatzmenge oder der vermittelte Warenumsatz erhöht werden und andererseits die Kosten gesenkt werden können.

Der wichtigste Gewinntreiber ist und bleibt der Provisionssatz. Dies soll auch an dem nachstehenden Beispiel verdeutlicht werden (vgl. Abb. 3.2). Die Beispielrechnung zeigt, wie stark sich der Gewinn ändert, wenn sich ein Gewinntreiber um 10 % verbessert, d. h. Provisionssatz und vermittelter Warenumsatz sich erhöhen bzw. die Kosten gesenkt werden können. Wird der Provisionssatz um 10 % verbessert, d. h. von 4,0 auf 4,4 % erhöht, so steigt der Gewinn bei Konstanz aller anderen Faktoren um 167 %.

Die hohe Bedeutung des Provisionssatzes für den Gewinn einer Handelsvertretung ist also unbestritten. Genauso muss aber auch gesehen werden, dass die Gefahr der Gewinnvernichtung besteht, wenn Provisionskürzungen erfolgen. Umso bemerkenswerter ist daher die eher verhaltene Auseinandersetzung mit Fragen um die Provisionskalkulation in der Praxis.

## 3.3 Das Leistungsangebot ...

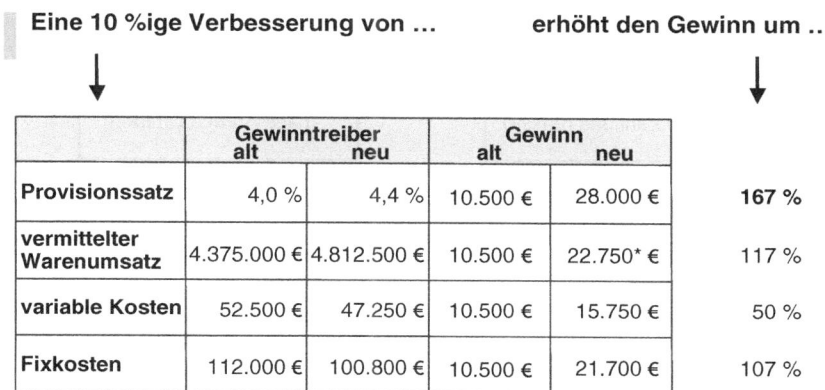

(*bei einer Erhöhung der variablen Kosten um 10 %)

**Abb. 3.2** Einfluss von Gewinntreibern auf den Gewinn

## 3.3 Das Leistungsangebot der Handelsvertretung als Kalkulationsgrundlage für den Provisionssatz

Für den Handelsvertreter, der einen Provisionssatz als Preis für eine vertriebliche Dienstleitung kalkuliert, ist es zunächst wichtig, dass er ein klares Konzept erstellt. Darin sollte aufgeführt sein, wie er den Markt bearbeiten wird und welche Leistungen er erbringen möchte. Ein solcher Plan hat folgende Vorteile:

- Die Handelsvertretung präsentiert ihre betriebliche Leistungsfähigkeit.
- Die Handelsvertretung kann leichter ableiten, welche Kosten mit der Übernahme einer Vertretung verbunden sind.
- Die Handelsvertretung kann mit dem Leistungsangebot einen angemessenen Provisionssatz begründen.
- Die Handelsvertretung kann nach einer bestimmten Dauer der Zusammenarbeit überprüfen, ob sich das Tätigkeitsfeld verändert hat und Anlass gegeben ist, über eine Provisionsangleichung zu verhandeln.

Der Handelsvertreter legt also fest, wie die aktuellen und potenziellen Kunden verkäuferisch betreut werden sollen. Dies ist die Basis für den Einsatz aller Marketinginstrumente. Dabei ist es unbedingt notwendig, dass die Wünsche und

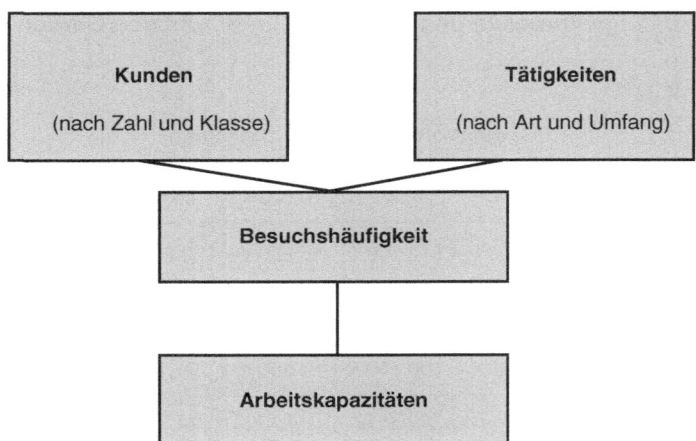

**Abb. 3.3** Umfang der Verkaufsarbeit

Anforderungen des vertretenen Unternehmens einbezogen werden. Bestimmt werden müssen sowohl die Breite als auch die Tiefe der Verkaufsarbeit (vgl. Abb. 3.3).

In der Breite der Marktbearbeitung wird festgelegt, welche Kunden überhaupt in die Betreuung durch die Handelsvertretung einbezogen werden. Zu erfassen ist also, wie viele Kunden bereits im Bezirk vorhanden sind. Auch die Zahl der zu bearbeitenden potenziellen Kunden sollte zumindest annähernd genau festgelegt werden.

Es empfiehlt sich dabei, die Kunden in Klassen einzuteilen, um besser die Bedeutung und den Betreuungsaufwand festlegen zu können. Häufig verschlingen die vielen kleinen Kunden, mit denen nur ein geringer Teil des Gesamtumsatzes getätigt wird, einen Großteil des gesamten Besuchs- und Betreuungsaufwandes. Man kann so vorgehen, dass alle Kunden nach Maßgabe der Höhe ihrer Umsätze bzw. Umsatzerwartungen in eine Reihenfolge gebracht werden. Danach bildet man drei Kundenklassen, indem beispielsweise die ersten 10 % der Kunden (die größeren Kunden also) der Klasse A, die nächsten 20 % (die mittleren Kunden) der Klasse B und die restlichen 70 % (Kleinkunden) der Klasse C zugeordnet werden.

In der Tiefe der Marktbearbeitung legt die Handelsvertretung dann den Umfang ihrer Tätigkeit fest, den sie für die einzelnen Kunden erbringen kann bzw. erbringen möchte. Auch hier muss die Frage geklärt werden, wie intensiv die Betreuung der derzeit nicht kaufenden Kunden sein soll. Insbesondere müssen sich die

Handelsvertretung und das vertretene Unternehmen darüber im Klaren sein, welche Aufgaben, die über die normale Vertriebstätigkeit hinausgehen, getätigt werden sollen (z. B. Reparaturdienste, Teilnahme an Messen, Durchführung spezieller Befragungen, Regalpflege, Reklamationsbearbeitung, Personalschulung etc.).

Mit der Festlegung der Anzahl der Kunden und des Betreuungsaufwandes lassen sich die Besuchshäufigkeiten ermitteln. Aus den jährlichen Besuchshäufigkeiten wiederum ergeben sich dann die Arbeitskapazitäten, die durch die neue Vertretung gebunden sind. Richtschnur ist dabei die Tagesleistung eines Vertriebsmitarbeiters, beispielsweise 4 bis 6 Besuche pro Tag.

Die Kapazität der Marktbearbeitung für ein bestimmtes vertretenes Unternehmen muss im Zusammenhang mit allen weiteren vertretenen Unternehmen gesehen werden, die mit der Handelsvertretung zusammenarbeiten. Da die Handelsvertretung meistens mehrere Unternehmen vertritt, wird ein beachtlicher Teil der zu besuchenden Kunden für mehrere vertretene Unternehmen angesprochen. Dadurch lassen sich die Kosten pro Besuch auf mehrere Schultern verteilen.

Außerdem muss berücksichtigt werden, dass auch im Innendienst einer Handelsvertretung Tätigkeiten anfallen. Auch diese Personalkapazität ist zusätzlich zu der Außendienst-Kapazität zu beachten. Das Schema in Abb. 3.4 zeigt, wie die Marktbearbeitungskapazität ermittelt werden kann. Auf dieser Grundlage ist es dann möglich zu berechnen, was ein Kundenbesuch bzw. ein Arbeitstag einer Handelsvertretung kostet (vgl. Tab. 3.2).

## 3.4 Die Kosten einer Handelsvertretung als Berechnungsbasis für die Provision

Wenn die Handelsvertretung ihr Leistungsangebot und die dafür benötigte Arbeitskapazität festgelegt hat, sind gleichzeitig auch die Kostenarten und die Kostenhöhe bestimmt, beispielsweise für Personal, Reisekosten usw. Jedem Gespräch mit vertretenen Unternehmen über die Höhe des Provisionssatzes müssen daher Berechnungen über die Höhe der Kosten vorausgehen.

Dazu gehören Kalkulationsunterlagen, die dem eigenen Geschäft zu entnehmen sind. Auch hier zeigt es sich, dass die Buchführung nicht nur eine Einrichtung für das Finanzamt ist. Ihre Zahlen geben dem Handelsvertreter Anhaltspunkte für seine unternehmerischen Überlegungen.

Das Beispiel in Tab. 3.1 zeigt die Durchschnittskosten einer Handelsvertretung ohne Geschäfte auf eigene Rechnung, die alle zwei Jahre vom Institut für Handelsforschung an der Universität zu Köln (IfH) für die CDH ermittelt werden

| Ermittlung der Marktbearbeitungskapazität für eine Vertretung | | | |
|---|---|---|---|
| | Anzahl | Besuche je Kunde pro Jahr | Kundenbesuche insgesamt pro Jahr |
| bestehende Kunden: | | | |
| • A-Kunden | _____ | _____ | _____ |
| • B-Kunden | _____ | _____ | _____ |
| • C-Kunden | _____ | _____ | _____ |
| potenzielle Kunden: | | | |
| • A-Kunden | _____ | _____ | _____ |
| • B-Kunden | _____ | _____ | _____ |
| • C-Kunden | _____ | _____ | _____ |
| | | Summe | ======= |

Gesamtzahl der Besuche pro Jahr
Zahl der möglichen Besuche pro Tag       =       Tage (Arbeitstage im Außendienst)

abzüglich Zeiteinsparung, da Kunden
bereits wegen anderer Vertretung be-
sucht werden                              ./.       Tage

zuzüglich geschätzte Zeit für Sonder-
aufgaben außerhalb der normalen
Kundenbetreuung                            +_____Tage

gebundene Arbeitskapazität für
vertretene Firma                           =_____Tage

**Abb. 3.4** Ermittlung der Marktbearbeitungskapazität für eine Vertretung

## 3.4 Die Kosten einer Handelsvertretung als Berechnungsbasis für die Provision

**Tab. 3.1** Durchschnittskosten einer Handelsvertretung (Betriebe mit Provisionseinnahmen von € 150.000 bis 200.000)

| Betriebswirtschaftliche Kosten | In % der Provisionseinnahmen | Beispielrechnung: Provisionseinnahmen in Höhe von € 175.000 |
|---|---|---|
| Personalkosten ohne Provisionen an selbstständige Untervertreter und ohne Unternehmerlohn | 34,8 | 60.900 |
| Provisionen an selbstständige Untervertreter | 2,0 | 3500 |
| Kalkulatorischer Unternehmerlohn | 22,9 | 40.075 |
| Kraftfahrzeugkosten | 6,7 | 11.725 |
| Reisekosten | 2,2 | 3850 |
| Werbekosten | 1,4 | 2450 |
| Raumkosten | 6,9 | 12.075 |
| Telekommunikations- und Portokosten | 2,6 | 4550 |
| Gewebesteuer und Pflichtabgaben | 1,5 | 2625 |
| Zinsen für Fremdkapital | 1,3 | 2275 |
| Kalkulat. Eigenkapitalzinsen | 1,0 | 1750 |
| Abschreibungen | 3,5 | 6125 |
| Sonstige Kosten | 7,0 | 12.250 |
| **Betriebswirtschaftliche Gesamtkosten** | **93,8** | **164.150** |
| **Betriebswirtschaftliches Betriebsergebnis** | **6,2** | **10.850** |

(Institut für Handelsvermittlung und Vertrieb CDH 2014). Die angegebenen Prozentzahlen der betriebswirtschaftlichen Kosten beziehen sich auf die Provisionseinnahmen, und zwar der Handelsvertretungen mit jährlichen Provisionseinnahmen von € 150.000 bis 200.000.

Anhand dieser Erläuterungen und des Schemas in Abb. 3.4 können die Gesamtkosten einer Handelsvertretung ermittelt werden.

**Tab. 3.2** Berechnung der Kosten für einen Arbeitstag und einen Kundenbesuch

| Wenn jährlich zur Verfügung stehen | Ein Arbeitstag in € | Ein Kundenbesuch bei 3 Besuchen pro Tag in € | Ein Kundenbesuch bei 5 Besuchen pro Tag in € |
|---|---|---|---|
| 240 Arbeitstage | 683,96 | 227,99 | 136,79 |
| 220 Arbeitstage | 746,14 | 248,71 | 149,23 |
| 200 Arbeitstage | 820,75 | 273,58 | 164,15 |

**Wie man den Provisionssatz ermittelt**

Auf der Grundlage dieser Durchschnittskosten lassen sich zunächst die Kosten für einen Arbeitstag und einen Kundenbesuch errechnen. Wenn also die Gesamtkosten – wie in der Beispielrechnung dargestellt – in einer Handelsvertretung € 164.150 betragen bei Bruttoprovisionseinnahmen von € 175.000, dann ergeben sich die in Tab. 3.2 dargestellten Kosten.

Zu beachten ist hierbei, dass es sich um eine Vollkostenbetrachtung handelt, d. h. alle Kosten einer Handelsvertretung einschließlich des kalkulatorischen Unternehmerlohnes für die Arbeitsleistung des Handelsvertreters sowie der kalkulatorischen Zinsen für das eingesetzte Eigenkapital sind einbezogen. Nicht berücksichtigt ist ein Gewinnzuschlag, der jedoch bei einer individuellen Berechnung unbedingt in angemessener Weise einzubeziehen ist.

Für die Berechnung oder die Nachkalkulation eines Provisionssatzes muss der Handelsvertreter ermitteln, wie viel Zeit seine Tätigkeit oder die seiner Mitarbeiter für die jeweils vertretenen Unternehmen durchschnittlich in Anspruch nimmt. Dafür dürfte es ausreichen, den Arbeitsanfall (Innendienst- und Außendiensttätigkeiten) über einen gewissen Zeitraum zu ermitteln.

Bei einer neuen Vertretung kann die zeitliche Belastung natürlich nur geschätzt werden. Hierbei ist es wichtig, genaue Vorstellungen über die Zahl der Kunden und der Kundenbesuche sowie über die zu entrichtenden Tätigkeiten zu haben, wie es bereits beschrieben worden ist.

Eine andere Möglichkeit, um zu einer Kalkulationsbasis zu kommen, besteht darin, über einen gewissen Zeitraum die Zahl der Kundenbesuche für jede einzelne vertretene Firma aufzuzeichnen. Durch Multiplikation der Anzahl der Besuche mit den Kosten pro Besuch (siehe Werte in der Beispielrechnung) ergibt sich die Höhe der für jede vertretene Firma aufgewendeten Gesamtkosten.

Der weitere Weg, um den richtigen Provisionssatz zu finden, soll nun an der Beispielrechnung gezeigt werden.

## 3.4 Die Kosten einer Handelsvertretung als Berechnungsbasis für die Provision

**Beispiel**

Ein Arbeitstag in unserer Beispiel-Handelsvertretung kostet – bei 220 zur Verfügung stehenden Arbeitstagen – € 746,14, und die Tätigkeit für eine neue Vertretung nimmt schätzungsweise 30 % der Arbeitszeit in Anspruch. Dies ergibt einen Kostensatz pro Tag von € 223,84 (€ 746,14 × 30 %) und Gesamtkosten pro Jahr in Höhe von € 49.244,80. Dieser Berechnung liegt die Annahme zugrunde, dass alle Vertretungen die gleichen Kosten für Personal, Reise, Verwaltung usw. verursachen. Ferner wird unterstellt, dass die bestehenden Kapazitäten ausreichend sind, um eine weitere Vertretung übernehmen zu können. Damit nun alle Kosten für diese Vertretung gedeckt sind (noch kein Gewinn!), sind folgende Warenumsätze und somit folgende Provisionssätze erforderlich:

| Bei einem Provisionssatz von (%) | Ein Warenumsatz von (in €) |
|---|---|
| 1 | 4.924.480,00 |
| 2 | 2.462.240,00 |
| 3 | 1.641.493,30 |
| 4 | 1.231.120,00 |
| 5 | 984.896,00 |
| 6 | 820.746,66 |
| 7 | 703.497,14 |
| 8 | 615.560,00 |
| 9 | 547.164,44 |
| 10 | 492.448,00 |

Die Beispielrechnung zeigt nun: Um die jährlichen Gesamtkosten in Höhe von € 49.244,80, die für diese Vertretung anfallen, decken zu können, ist beispielsweise ein Provisionssatz von 3 % erforderlich, wenn ein vermittelter Warenumsatz von rund € 1,6 Mio. erwartet werden kann.

Auch wenn die hier zugrunde liegenden Kosten nur sehr grob ermittelt worden sind, so geben die Ergebnisse gute Näherungswerte, die zeigen, welche Warenumsätze bei den verschiedenen Provisionssätzen getätigt werden müssen bzw. welche Provisionssätze vereinbart werden müssen, um bei einer geschätzten Umsatzgröße zu einer Kostendeckung zu kommen.

**Fazit**
Der Preis für die Tätigkeiten der Handelsvertretungen ist überwiegend die Provision. Zum Beginn einer Zusammenarbeit zwischen einer Handelsvertretung und einem vertretenen Unternehmen wird über die Höhe des Provisionssatzes sehr häufig nicht ernsthaft verhandelt, sondern der „übliche Provisionssatz" vereinbart. Als Dienstleister im Vertrieb müssen jedoch auch die Handelsvertretungen einen Preis für ihre Leistungen kalkulieren, der sich sowohl an den eigenen Kosten als auch an den Marktgegebenheiten orientiert. Eine solche Kalkulation und die Vereinbarung eines individuellen Provisionssatzes sind von großer Bedeutung, da hier der wichtigste Gewinnhebel in einer Handelsvertretung liegt.

## Quellen

Institut für Handelsvermittlung und Vertrieb CDH. (2014). *Handelsvertreter in Deutschland – Zahlen – Daten – Fakten 2014*. Berlin: CDH-Wirtschaftsdienst-GmbH.

# Baustein 4: Der Service macht den Unterschied – Wie Dienstleistungen das Geschäftsmodell der Handelsvertretung zukunftsfähig machen

▶ Auch Handelsvertretungen agieren in hart umkämpften Märkten. Dabei befinden sie sich in der besonderen Situation, nicht nur Kunden, sondern auch vertretene Unternehmen von ihrem Leistungsangebot überzeugen zu müssen. Sie stehen also in zweierlei Hinsicht in einer Konkurrenzsituation, die sich in den vergangenen Jahren sukzessive verschärft hat. Viele Handelsvertretungen sind sich in diesem Zusammenhang des Potenzials bewusst, das im Angebot zusätzlicher Dienstleistungen liegt: Bereits heute bieten zahlreiche Handelsvertretungen zusätzliche Dienstleistungen an, die weit über die eigentliche Funktion der Geschäftsvermittlung hinausgehen.

Das nachstehende Kapitel beschäftigt sich damit, wie ein Servicepaket erstellt werden kann, wie hierzu ein Preismodell aussehen könnte und wo die Erfolgsfaktoren im Hinblick auf die Zusammenstellung und das Angebot von Dienstleistungen liegen.

In hart umkämpften Märkten stehen auch Handelsvertretungen zunehmend vor der Herausforderung, sich positiv von ihren Wettbewerbern abzugrenzen und ihre Wettbewerbsfähigkeit zu sichern. Eine Möglichkeit besteht darin, den von ihnen vertretenen Unternehmen sowie ihren Kunden einen Mehrwert zu bieten, der über die „klassischen" Vertriebsleistungen hinausgeht. Ein wirksames Instrument hierzu stellt das Angebot zusätzlicher Dienstleistungen rund um die Kernleistungen der Handelsvertretungen dar. Neben der Differenzierung vom Wettbewerb bestehen für die Handelsvertretungen zentrale Vorteile in der Generierung zusätzlichen Umsatzes sowie der Bindung der Marktpartner.

Eine respektable Zahl an Handelsvertretungen ist sich der Notwendigkeit eines stimmigen Dienstleistungsangebots sowie der damit einhergehenden Chancen durchaus bewusst und erbringt bereits besondere Dienstleistungen für die

Marktpartner Kaapke und Paffhausen (2012). In vielen Fällen geschieht dies jedoch wenig systematisch – sowohl was die Auswahl bzw. Zusammenstellung der angebotenen Leistungen als auch was deren Vergütung betrifft. Insgesamt fehlt ein umfassender Überblick, welche ergänzenden Dienstleistungen im Einzelnen von Handelsvertretungen angeboten werden und in welchem Ausmaß bzw. in welcher Qualität und zu welchem Preis dies geschieht.

Um das Potenzial des ergänzenden Dienstleistungsangebots zu nutzen, gilt es, zum einen zielgerichtet ein Angebot zu entwickeln, das an beiden Marktpartnern orientiert ist, d. h. an den Abnehmern der vermittelten Produkte sowie an den vertretenen Unternehmen. Für beide Parteien muss das Angebot einen klaren Mehrwert stiften. Zum anderen muss das Angebot eine entsprechende Vergütung erfahren. Es gilt also außerdem, adäquate Preise für die Erbringung der Leistungen zu berechnen und diese gegenüber den Marktpartnern durchzusetzen. Sind diese beiden Prämissen erfüllt, verfügt der Handelsvertreter über ein effektives Wettbewerbsinstrument.

Der Begriff „Dienstleistungen" wird in der betriebswirtschaftlichen Fachliteratur mit unterschiedlichen Inhalten verwendet. Eine allgemein anerkannte betriebswirtschaftliche Definition gibt es nicht. Vielfach findet man auch eine Abgrenzung zum Begriff „Services". Hierunter werden häufig Zusatzdienstleistungen von Industriebetrieben verstanden. Mit Serviceleistungen bezeichnet man auch kostenlose oder zumindest teilweise kostenlose Zusatzleistungen. Da es in der Praxis der Handelsvertretungen unterschiedliche Auffassungen darüber gibt, ob es sich bei den Dienstleistungsangeboten um Kernleistungen oder Zusatzleistungen handelt, wird hier der Servicebegriff synonym zum Dienstleistungsbegriff verwendet.

Der einfachste Weg, das Verständnis für die Besonderheit von Dienstleistungen aufzubauen, besteht in der Betrachtung ihrer konkreten Merkmale und Erscheinungsformen:

**Merkmale von Dienstleistungen**

- Eine Dienstleistung ist gegenstandslos und deshalb nicht greifbar.
- Eine Dienstleistung ist Vertrauenssache. Sie ist ein Versprechen auf eine Leistung, die in der Zukunft erbracht wird.
- Eine Dienstleistung ist kaum quantifizierbar. Ihr bester Gradmesser für die Qualität ist die Zufriedenheit des Kunden.
- Eine Dienstleistung ist nicht lagerfähig. Sie kann nicht auf Vorrat hergestellt werden.

> - Die meisten Dienstleistungen sind im Detail individuell.
> - Dienstleistungen können als Service und damit ergänzend zur Kernleistung des Unternehmens angeboten werden. Sie können aber auch als eigenständige Leistungen und damit unabhängig von den Produkten des Unternehmens vermarktet werden.

Diese Merkmale haben einen wesentlichen Einfluss auf die Vermarktung von Dienstleistungen generell und auch in Handelsvertretungen. Sie erfordern besondere Maßnahmen der Visualisierung und Inszenierung, um sie gegenüber den vertretenen Unternehmen und den Abnehmern deutlich zu machen.

Außer diesen Merkmalen von Dienstleistungen gibt es bei den Handelsvertretungen noch weitere Besonderheiten. Strategisch kommt der Vermittlerposition der Handelsvertretung eine besondere Bedeutung zu: Beide Marktpartner der Handelsvertretung sind als ihre Kunden zu betrachten. Vom Anbieter (vertretenes Unternehmen) erhält der Handelsvertreter den Vertretungsauftrag, vom Abnehmer den Auftrag zur Warenlieferung. Beides zusammen bildet die Grundlage für seine Einnahmen. Diese ökonomische Grundlage zu sichern, setzt eine konsequente Umsetzung der Idee des Dualen Marketings voraus. Die Vermittlung zwischen Anbietern und Abnehmern beschränkt sich dann nicht nur auf Güter, sondern schließt auch Informations-, Dienstleistungs- und Interessenvermittlung für beide Marktpartner mit ein.

Nachstehend sind Beispiele für zusätzliche Dienstleistungen aufgeführt, die in der Praxis von den Handelsvertretungen ihren Marktpartnern angeboten und auch realisiert werden:

- Messe: eigene Ausstellung
- Messe: Speditions- sowie Auf- und Abbauleistungen
- Messe: Besetzung der Stände
- Technische Dienste wie Inbetriebnahme oder Installation
- Aufmaß
- Reklamationsbearbeitung
- Retourenmanagement
- Programmierung (partiell oder gesamt)
- Events/Veranstaltungen/Aktivitäten
- Angebotserstellung
- Planungsaufgaben: Projektplanung
- Produktentwicklung/-engineering

- Produktschulungen
- Schulungen unabhängig vom eigenen Produktangebot (z. B. Verkaufsschulung)
- Marktbeobachtung
- Marktforschung: z. B. Store Checks oder Kundenzufriedenheitsanalysen
- Verkaufsförderungsmaßnahmen wie Einsatz von Werbepersonal oder Verkostungen
- Unterstützung bei bzw. Zusammenarbeit in der PR-Arbeit
- Marketingunterstützung generell
- Marketingberatung wie Sortiments- oder Konditionenberatung
- Betriebs-/Unternehmensberatung
- Regalpflege im Allgemeinen
- Gestaltung der Verkaufsfläche
- Aufbau der Verkaufsfläche wie Sonderplatzierungen (z. B. im LEH) oder Kojenbau (z. B. im Möbelhandel)
- Aushandeln und Optimierung der Platzierung (Einzelhandel)
- Besuchsservice (Übernahme der Besuchspflicht für das vertretene Unternehmen)
- Angebot von Systemen/Baueinheiten (bestehend aus den Einzelteilen mehrerer Hersteller)
- Unterhaltung eines Auslieferungslagers
- Transportleistungen
- Fakturierung/Inkasso
- Übersetzungen (im internationalen Kontext)
- Prüfung auf Verkehrsfähigkeit (im internationalen Kontext)

## 4.1 Die Bedeutung zusätzlicher Dienstleistungen für die Handelsvertretungen

In einem Markt, in dem Abnehmer aus einer Vielzahl von Angeboten sowie Mitanbietern auswählen können, erscheinen Produkte aus Kundensicht zunehmend austauschbar. Für Unternehmen stellt sich die Frage, wie sie sich von der Konkurrenz abheben und ihr Angebot so attraktiv gestalten können, dass der Kunde die Leistung von ihnen und nicht vom Konkurrenzanbieter bezieht. Der Preis stellt in diesem Zusammenhang fraglos ein zentrales Kriterium im Hinblick auf die Entscheidung des Abnehmers für ein bestimmtes Produkt oder einen bestimmten Abnehmer dar. Ein wettbewerbsfähiger Preis ist daher notwendig, keinesfalls ist er aber hinreichend für die Realisierung eines dauerhaften

Wettbewerbsvorteils. Insbesondere birgt eine stark preisgesteuerte Unternehmensführung die Gefahr von Preiskriegen und letztlich Gewinneinbußen, die zumindest für einige Marktteilnehmer ruinöse Folgen haben können.

Auch Handelsvertretungen agieren in hart umkämpften Märkten. Dabei befinden sie sich in der besonderen Situation, nicht nur (potenzielle) Kunden, sondern auch (potenzielle) vertretene Unternehmen von ihrer Vertretung und ihrem Leistungsangebot überzeugen zu müssen. Sie stehen also in zweierlei Hinsicht in einer Konkurrenzsituation, die sich in den vergangenen Jahren sukzessive verschärft hat. Auf Seite der vertretenen Unternehmen haben Handelsvertretungen dabei immer wieder mit **Ausschaltungstendenzen** zu kämpfen. Sie konkurrieren nicht nur untereinander, sondern darüber hinaus mit zahlreichen Substitutionskonkurrenten, klassischerweise dem Direktvertrieb, sowie mit Betriebsformen wie Online-Shopping-Systemen und Factory Outlet Centern.

Auch Handelsvertretungen stehen somit vor der Herausforderung, ihre Attraktivität sowohl für die vertretenen Unternehmen als auch für die Kunden zu erhöhen und ihre Marktposition zu stärken. Viele Handelsvertretungen sind sich in diesem Zusammenhang des Potenzials bewusst, das im Angebot zusätzlicher Dienstleistungen liegt: Bereits heute bieten zahlreiche Handelsvertretungen zusätzliche Dienstleistungen an, die weit über die eigentliche Funktion der Geschäftsvermittlung hinausgehen. In einigen Fällen entwickelt sich der Handelsvertreter gegenüber dem vertretenen Unternehmen gar zu einem **Komplettanbieter**, der Aufgaben und Services von der Marktforschung über die logistische Entwicklung bis hin zur Warenauslieferung übernimmt. Hierbei besteht allerdings zunehmend das Problem, dass die zusätzlichen Leistungen nicht zwingend umsatz- bzw. provisionsrelevant sind. Ein Großteil an Dienstleistungen schleicht sich vielmehr automatisch in die Geschäftsbeziehung ein und avanciert zum unprofitablen „Zeitfresser". Um Dienstleistungen zielführend und gewinnbringend einzusetzen, ist es daher angezeigt, dass die Handelsvertretungen für die zusätzlich erbrachten Leistungen entsprechend eine höhere Provision bzw. ein Fixum oder eine aufwandsorientierte Prämie aushandeln.

Von hoher Bedeutung ist außerdem der **zielgerichtete Einsatz** von Dienstleistungen. Die Strategie, möglichst viele Dienstleistungen anzubieten, ist einerseits unter Kostenaspekten kaum leistbar und trägt andererseits nicht zu einer klaren Differenzierung bei. Vielmehr kommt es darauf an, systematisch ein angemessenes und kundenorientiertes Dienstleistungsangebot zusammenzustellen. Der Schlüssel hierzu liegt darin, die Sicht der vertretenen Unternehmen bzw. der Kunden einzunehmen und möglichst genau zu verstehen, was diese tatsächlich erwarten.

Idealerweise gelingt es der Handelsvertretung, mit einem klug gewählten und stimmigen Dienstleistungspaket die Erwartungen der vertretenen Unternehmen bzw. der Kunden nicht nur zu erfüllen, sondern sie zu übertreffen und somit Begeisterung auszulösen. Dies trägt nicht nur in besonderem Maße zur Abgrenzung der Handelsvertretung vom Wettbewerb bei, sondern schafft darüber hinaus eine **besondere Kundenbindung**.

Die Entwicklung des Dienstleistungsspektrums der Handelsvertretungen hängt in starkem Maße von den Entwicklungen bei den Marktpartnern – den vertretenen Unternehmen und Kunden – ab. Außerdem wird das Dienstleistungsangebot mitbestimmt von den Leistungen, die die Substitutionskonkurrenz erbringt.

Generell ändern sich Produkt-, Branchen- und Sektorengrenzen; sie lösen sich auf und formieren sich neu. Hierdurch und durch Konzentrationsprozesse in Handel und Industrie steigt der Wettbewerbsdruck kontinuierlich und zwingt auch die Handelsvertretungen geradezu, neue Dienstleistungen anzubieten. Im Zuge dieses Wettbewerbsdrucks sind auch die Kundenansprüche gestiegen. Kunden fragen immer weniger nach Standardprodukten, sondern interessieren sich für individuell auf sie abgestimmte **Leistungsbündel**. Hersteller und Vertriebspartner müssen daher über den Tellerrand ihrer angestammten Produkte und Dienstleistungen schauen. Ferner führt der technische Fortschritt zu einer kontinuierlichen Verkürzung der Lebenszyklen von Produkten und Technologien. Dies stellt auch hohe Leistungsanforderungen an den Vertrieb. Im Kundenkontakt muss zu jeder Zeit aktuelles Know-how verfügbar sein, um kompetent auf Fragen der Kunden antworten und Lösungsmöglichkeiten anbieten zu können.

Anstatt durch ihren Vertrieb standardisierte Produkte zu verteilen, gehen Hersteller zu komplexen Leistungen über, die eine Differenzierung vom Wettbewerb möglich machen. Ein nicht unerhebliches Potenzial bietet der Vertrieb im persönlichen Kontakt.

Die **Individualisierung von Leistungen** ist nur möglich, wenn umfassende Informationen über Kunden und Kundenwünsche zur Verfügung stehen. Diese Informationen müssen über die Kundenschnittstelle und somit über den Vertrieb in die Unternehmen einfließen. Da Hersteller dazu übergeben, durch Verzicht auf Handelsstufen den Absatz verstärkt in die eigenen Hände zu nehmen und damit die Kontrolle über eben diese Kundenschnittstelle zu erhöhen, ist es für Handelsvertretungen besonders wichtig zu zeigen, dass sie als Vertriebspartner für die kundenorientierte Leistungserbringung ebenso geeignet sind wie die herstellereigenen Mitarbeiter.

Durch das Internet sind neue Vertriebswege und elektronische Marktplätze entstanden, die auch für kleine Unternehmen relativ leicht zugänglich sind und überregionale Präsenz ermöglichen. Auch hieraus erwachsen neue Anforderungen an den Vertrieb generell und an die Handelsvertretungen. Beispielsweise befinden sich die Kunden auf einem erheblich höheren Informationsniveau und können sehr schnell in Details vordringen. Auch die Preistransparenz wird erhöht, sodass es kaum noch möglich ist, höhere Margen durch Informationsdefizite beim Kunden zu realisieren.

Bei der Suche nach neuen Wachstumsfeldern sollten die Handelsvertretungen auch das Augenmerk auf die **nachgelagerten Märkte** richten. In vielen Branchen spielt nicht nur der Erstmarkt eine wichtige Rolle. Erstkauf und nachgelagerter Kauf lassen sich häufig durch Serviceangebote besser ausschöpfen.

Oft werden die Möglichkeiten des Services von Herstellern nicht ausgeschöpft, sondern nur eingeschränkte Dienstleistungen auf Kundenanfrage angeboten und nicht aktiv offeriert. Auch in diesen Fällen bieten sich für Handelsvertretungen Chancen. Denn mit dem vertretenen Unternehmen könnte beispielsweise bezüglich der Übernahme und somit dem **Outsourcing** dieser Dienstleistungen in Verhandlungen getreten werden.

Für Handelsvertretungen, die im Business-to-Consumer-Bereich tätig sind, gehören die Veränderungen der Betriebsformen im Einzelhandel zu den wichtigsten Determinanten ihrer Wettbewerbssituation und der Ausrichtung ihrer Kern- und Zusatzleistungen. Probleme bereiten zweifellos die Angebotsformen, die ihre Waren vornehmlich direkt bei den Herstellern beziehen.

Trotz dieser Ausschaltungstendenzen bei diesen Betriebstypen des Handels gibt es hinreichend viele Beispiele dafür, dass Handelsvertretungen Geschäftspartner von Großunternehmen oder gewerblichen Verbundgruppen des Einzelhandels sind. Dies setzt jedoch die Übernahme namhafter Vertretungen, attraktive Produkte und handelsbezogene Dienstleistungen voraus.

Eine nicht unerhebliche Chance für die Handelsvertretungen stellt die steigende Zahl von **Unternehmensneugründungen** dar. Markteinführung und Vertrieb der Produkte neuer Anbieter finden in der Regel unter hohen Marktwiderständen statt und brauchen Marktpartner, die bereits Kundenbeziehungen haben. Auch ist der Vertrieb mit eigenen Mitarbeitern für eine Reihe dieser Unternehmen nicht zu realisieren, da Ressourcen fehlen oder das Fixkostenrisiko zu hoch ist. Dies begünstigt die Zusammenarbeit mit Handelsvertretungen und ermöglicht das Anbieten weiterer Dienstleistungen.

Ähnliche Chancen gibt es auch in der Intensivierung des Importgeschäftes durch die **Hinzunahme ausländischer Vertretungen**. Für die Exportstrategien kleiner und mittlerer Hersteller stellt die Zusammenarbeit mit Handelsvertretungen oft die einzige Möglichkeit zur Markterschließung in Deutschland dar. Diese Internationalisierung bedeutet für die Handelsvertretungen eine wichtige Zukunftsperspektive.

## 4.2 Die Erfassung der Kosten zusätzlicher Dienstleistungen und die Berechnung von Preisen

Die Preispolitik von Dienstleistungsbetrieben weist ein paar Besonderheiten auf, die auch für Handelsvertretungen zutreffen. Zu nennen ist zunächst der hohe Anteil von Fixkosten, die in der Regel Gemeinkostencharakter aufweisen. Ursache ist, dass der Dienstleistungsanbieter seine Leistungsbereitschaft permanent aufrechterhalten muss. Beispiele für diese Fixkosten sind die Personalkosten oder die Kosten für die Bereitstellung von Fahrzeugen. Eine solche Kostenstruktur erschwert eine verursachungsgerechte Verteilung der Kosten auf die Kostenträger, sprich Dienstleistungen.

Besonders schwierig ist es, die Bereitschaft des Nachfragers einer Dienstleistung zu erfassen – im Falle einer Handelsvertretung die vertretenen Unternehmen und Kunden –, einen bestimmten Preis zu zahlen. Dies gilt insbesondere für neue Dienstleistungen. Wesentliche Gründe liegen hierbei darin, dass Dienstleistungen eben immateriell sind und somit sichtbare Leistungsmerkmale weitestgehend fehlen. Außerdem können Nutzen und Qualität einer Dienstleistung, die die Preisbereitschaft im Wesentlichen bestimmen, zumindest am Anfang nur schwer vermittelt werden. Selbst wenn die Leistungsqualität stimmt, wird die Akzeptanz eines Preises nicht unbedingt erhöht.

Um das Bewusstsein für eine Dienstleistung zu schaffen, die vergütet werden soll, wird die Handelsvertretung nicht umhin kommen, dem Vertriebsleiter bei seinem vertretenen Unternehmen oder dem Einkäufer beim Kunden in dessen Sprache – das heißt in Euro – vorzurechnen, was er an Geld spart, wenn die Handelsvertretung die Dienstleistung erbringt.

Ferner besteht bei den meisten Dienstleistungen einer Handelsvertretung ein hoher Individualisierungsgrad, sodass die Festlegung einheitlicher Preise für die Inanspruchnahme einer Dienstleistung mehr oder weniger problematisch ist. Eine Lösung dieses Problems kann darin bestehen, dass mit jedem vertretenen Unternehmen oder mit Kunden eine Rahmenregelung für die Vergütung einer Dienstleistung festgelegt wird und erst nach Abschluss des Vollzugs der Dienstleistung oder nach einer bestimmten Periode dieser Dienstleistungspreis endgültig fixiert wird. In Unternehmensberatungen wird dieses Vorgehen auch häufig praktiziert.

### 4.2.1 Wie kann eine Handelsvertretung mit Dienstleistungen Geld verdienen?

In aller Regel trägt eine Handelsvertretung alle Kosten selbst, die mit der Erfüllung ihres Kerngeschäftes verbunden sind. Und in aller Regel werden diese Kosten auf Basis des vereinbarten Provisionssatzes durch die zu erzielenden Provisionseinnahmen vergütet. Werden jedoch Dienstleistungen aufgrund markbezogener Veränderungen notwendig oder von Marktpartnern neu gewünscht, sollte die Ertragslage überdacht und mit dem vertretenen Unternehmen in eine Verhandlung über die zukünftige Vergütung der Dienstleistungen getreten werden. Denn beim Vertragsabschluss wurde ein bestimmter Umfang an vertrieblichen Leistungen zugrunde gelegt und ein entsprechender Provisionssatz vereinbart.

Da aus der Praxis sehr häufig zu vernehmen ist, dass Provisionssätze sozusagen „in Stein gemeißelt" sind und kaum nach oben korrigiert werden können, kann es ratsam sein, über andere Vergütungsformen zu verhandeln, die sich direkt auf die Vergütung einzelner Serviceleistungen beziehen. Auf folgenden Wegen ist es möglich, dass Handelsvertretungen mit Dienstleistungen höhere Einnahmen und einen höheren Gewinn erzielen können:

- Eine separate Zahlungsbereitschaft für Dienstleistungen ist natürlich für die Handelsvertretung der schönste Fall. Diese Sonderzahlungen erbringen in der Regel die vertretenen Unternehmen. Für die Kunden stellen die Dienstleistungen meistens Selbstverständlichkeiten dar.
- Manchmal mag es für die Dienstleistung zwar keine separate Zahlung geben, dafür aber einen höheren Lieferanteil beim Kunden, was sich auf die Provisionseinnahmen auswirkt.
- Ein bestimmtes Dienstleistungsniveau der Handelsvertretung wird auch ausschlaggebend sein für Listungsentscheidungen des Kunden.
- Dienstleistungen dienen auch dazu, neue Kundenkreise zu erschließen, womit zukünftige Gewinnmöglichkeiten erschlossen werden.
- Dienstleistungen geben der Handelsvertretung häufig Informationsvorteile und gewähren einen tieferen Einblick bei den Kunden. Beispielsweise sind Handelsvertretungen, die Reklamationen oder Schulungen durchführen, öfters vor Ort und können zusätzlichen Bedarf erkennen.

Ausgangspunkt ist zunächst die Berechnung eines internen Preises. Dazu gehört insbesondere, den einzelnen Dienstleistungen die entstehenden Kosten zu belasten. Eine Ausrichtung des Preises an den Kosten, die bei der Erstellung der Leistungen entstehen, ist in der Praxis traditionell weit verbreitet. Im Mittelpunkt kostenorientierter preispolitischer Entscheidungen steht das Prinzip der Wirtschaftlichkeit. Es soll also ein Preis ermittelt werden, der aufgrund der Kostensituation einer bestimmten Handelsvertretung erreicht werden muss, um zumindest die Kosten zu decken oder ein festgelegtes Gewinnziel zu erreichen. Die kostenorientierte Preisfestlegung verlangt, dass alle Kosten oder zumindest bestimmte Kostenbestandteile einbezogen werden.

Ob der interne Preis, der kalkuliert wird und sich auch an einem Gewinnziel orientiert, bei den vertretenen Unternehmen oder bei den Kunden tatsächlich durchgesetzt werden kann, wird u. a. von Faktoren wie Verhandlungsgeschick, der Beziehung zu den Marktpartnern und der Wettbewerbssituation bestimmt. Ein zu hoher Kostenpreis kann dazu führen, dass Dienstleistungen nicht „gehen". Wird der Dienstleistungspreis nicht akzeptiert und auf ein Minimum gesenkt, wird mit der Handelsvertretung vielleicht weiter zusammengearbeitet; sie kommt allerdings womöglich nicht mehr auf ihre Kosten. Maßnahmen zur Kostensenkung werden also hier unumgänglich sein.

### 4.2.2 Preiskalkulation mittels Verrechnungseinheiten

Die verursachungsgerechte Ermittlung der Stückkosten je Dienstleistung ist meistens schwierig. In der Praxis wird daher auf die Kalkulation von Verrechnungseinheiten zurückgegriffen. Da Dienstleistungen sehr personalintensiv sind, ist es sinnvoll, die Verrechnungseinheit auf der Grundlage der Personalkapazität zu errechnen. Die Verrechnungseinheit (VE) lautet daher:

▶ VE = Kosten der Handelsvertretung/fakturierfähige Stunden = €/Std.

Vielfach werden in der Praxis die Kosten nicht nur auf Stunden, sondern auf kürzere Zeiteinheiten verteilt, z. B. 15 min. Dadurch können Dienstleistungen flexibel abgerechnet werden. Der ermittelte Stundenverrechnungssatz wird also für eine 15-min-Zeiteinheit durch 4 geteilt. Falls noch Einzelkosten anfallen, die für besondere Dienstleistungen einen hohen Umfang haben, werden diese in voller Höhe zu der Verrechnungseinheit hinzu addiert.

Die Verrechnungseinheit oder hier der Stundenverrechnungssatz wird kalkuliert, indem alle in der Handelsvertretung anfallenden Kosten zusammengerechnet werden und diese Gesamtkosten durch die „fakturierfähigen" Stunden geteilt werden.

## 4.2 Die Erfassung der Kosten zusätzlicher ...

▶ Die „fakturierfähigen" Stunden sind solche, die für die Arbeitsleistung angerechnet werden können.

Es bleibt jeder Handelsvertretung selbst überlassen, wie sie die Definition und somit die Berechnung vornimmt. Entweder wird die volle Arbeitskapazität, d. h. die Anwesenheitstage des Firmeninhabers und seiner Mitarbeiter oder die Zeit für die Tätigkeit im Außendienst zu Grunde gelegt. Tab. 4.1 und 4.2 zeigen zunächst exemplarisch die Berechnung der Arbeitstage sowie der „fakturierfähigen" Stunden einer Handelsvertretung im Jahr.

Legt man nun die Gesamtkosten der Beispiel-Handelsvertretung zu Grunde, so ergeben sich beispielhaft die in Tab. 4.3 dargestellten Stundenverrechnungskostensätze.

Diese Verrechnungssätze enthalten noch keinen Gewinn. Die angestrebte Gewinnmarge ist entsprechend hinzuzurechnen. Beispielsweise ergeben sich bei einem betrieblichen Gewinnziel von 10 % Stundenverrechnungskostensätze von € 42,75 bzw. 50,12.

Mit diesen Verrechnungssätzen können nun nahezu alle Dienstleistungen kalkuliert werden, die eine Handelsvertretung anbietet bzw. die entweder von den vertretenen Firmen oder den Kunden gewünscht werden.

**Tab. 4.1** Berechnung der Arbeitstage im Jahr

| Tage im Kalenderjahr | 365 |
|---|---|
| ./.Samstage und Sonntage | 104 |
| ./.Feiertage | 10 |
| ./.Urlaubstage | 30 |
| ./.Krankheit und sonstige Ausfalltage | 10 |
| **= Arbeitstage** | **211** |
| ./.Innendiensttätigkeit/Messebesuche/Besprechungen | 31 |
| **= Arbeitstage im Außendienst** | **180** |

**Tab. 4.2** Berechnung der „fakturierfähigen" Stunden einer Handelsvertretung

| Arbeitstage | 211 | 180 |
|---|---|---|
| × Stunden pro Tag | 8 | 8 |
| × produktiv Beschäftigte | 2,5 | 2,5 |
| **= Arbeitsstunden insgesamt** | 4220 | |
| oder Arbeitsstunden im Außendienst | | 3600 |

**Tab. 4.3** Beispiel für die Berechnung eines Stundenverrechnungskostensatzes (Gesamtkosten der Handelsvertretung € 164.000)

| Arbeitsstunden | Stundenverrechnungskostensatz |
|---|---|
| Insgesamt 4220 | € 38,86/Std. |
| Außendienst 3600 | € 45,56/Std. |

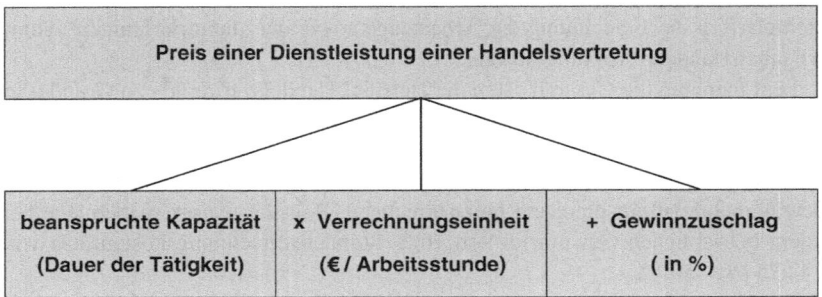

**Abb. 4.1** Bestimmungsgrößen der Kosten und des Preises

Wie Abb. 4.1 zeigt, werden die Höhe der Kosten und des Preises also durch die beanspruchte Zeit des Personals, des Stundenverrechnungssatzes und einem Gewinnzuschlag bestimmt.

### 4.2.3 Berechnung des Dienstleistungspreises durch Erfassen und Berechnen von Einzel- und Gemeinkosten

Normalerweise vertritt eine Handelsvertretung mehrere Industriebetriebe, sodass häufig auch eine Vielzahl an Produkten verkauft und Dienstleistungen unterschiedlichster Art durchgeführt werden. Daher dürfte es in verschiedenen Fällen angebracht sein, für die Preisberechnung von Dienstleistungen die Zuschlagskostenrechnung anzuwenden. Im Vergleich zur vorhin dargestellten Berechnung von Dienstleistungspreisen mithilfe eines Verrechnungssatzes führt diese Methode zu genaueren Ergebnissen.

Beispiele für die Anwendung sind besonders kostenintensive Dienstleistungen oder Dienstleistungen, die speziell für bestimmte Kunden oder Vertretungen

4.2 Die Erfassung der Kosten zusätzlicher ...

erbracht werden. In diesen Fällen ist die Preisermittlung durch Erfassen der anfallenden Einzel- und Gemeinkosten zweckmäßiger, aber natürlich auch aufwendiger. Zu den Einzelkosten gehören diejenigen Kosten, die den Dienstleistungen direkt zugeordnet werden können. Die Gemeinkosten müssen den Dienstleistungen hingegen nach Maßgabe von Bezugsgrößen zugerechnet werden. Das Vorgehen der üblichen Zuschlagskostenrechnung in allgemeiner Form wird im Grundschema der herkömmlichen Zuschlagskostenrechnung für Dienstleistungen einer Handelsvertretung veranschaulicht:

▶ Einzelkosten einer Dienstleistung + Gemeinkosten einer Dienstleistung = **Selbstkosten der Dienstleistung**
Selbstkosten der Dienstleistung + Gewinnzuschlag = **kostenorientierter Preis für eine Dienstleistung**

Bei der kostenorientierten Preisbildung wird der Endpreis, den der Kunde bezahlen soll, aus den Stückkosten der Dienstleistung abgeleitet. Die prozentual aufgeschlagene Marge ergibt den Gewinn bzw. die Rendite. Auch wenn es keinen direkten Zusammenhang zwischen Kosten und Preis gibt, wird in der Praxis dieser Ansatz bei der Preisbildung sehr häufig herangezogen. Der Grund hierfür liegt zweifellos in der methodisch sehr einfachen und schnell durchzuführenden Preisfindung auf Kostenbasis. Außerdem ist bei dieser Methode einfacher zu argumentieren, beispielsweise wenn Kostensteigerungen stattfinden. Allgemein gehören folgende Kostenarten zu den Vertriebseinzelkosten einer Handelsvertretung:

- Kosten für die Inanspruchnahme von Arbeitsleistungen (Personalkosten)
- Kosten für den Verbrauch von materiellen Gütern
- Kosten für die Abnutzung von materiellen Gütern (Abschreibungen)
- Kosten für die Nutzung von Kapital
- Kosten für die Inanspruchnahme fremder Dienstleistungen
- Kosten für die Berücksichtigung von Wagnissen

### 4.2.4 Erfassen und Verrechnung der Kosten für Lagerhaltung

Bei einer Lagerhaltung, die eine Handelsvertretung für ein vertretenes Unternehmen oder für Kunden übernimmt, können folgende Kosten anfallen, die bei einer Preiskalkulation für diese Dienstleistung berücksichtigt werden sollen:

- Personalkosten des Lagerarbeiters sowie des Lagerverwalters (evtl. auch anteilig)
- Abschreibung des Lagergebäudes, der Gegenstände der Lagereinrichtung sowie der Transportvorrichtung des Lagers
- Stromkosten für Beleuchtung sowie Kosten für Wärme- und Kälteenergie zum Heizen bzw. Kühlen des Lagers
- Kosten für gebundenes Kapital in den lagernden Produkten, dem Lagergebäude etc.
- Kosten der Lagerversicherung und des Lagerwagnisses
- Bürokosten im Zusammenhang mit der Leitung und Verwaltung des Lagers

Die Verrechnung dieser Kosten kann beispielsweise so vorgenommen werden, dass die gesamten Lagerkosten, die in einem Jahr anfallen, gleichmäßig auf die eingelagerten Mengeneinheiten der Produkte verteilt werden.

Eine andere Möglichkeit ist die Verteilung der Kosten nach Maßgabe der Einkaufspreise oder Selbstkosten der Produkte. Jedoch wird die Beanspruchung des Lagers durch die einzelnen Produkte nicht berücksichtigt. Sollte ein etwas feineres Verfahren zur Verrechnung der Lagerkosten notwendig sein, müssen die durchschnittliche Lagerdauer pro Mengeneinheit oder die Anzahl der Lagerbewegungen noch zusätzlich berücksichtigt werden.

### 4.2.5 Erfassung und Verrechnung der Kosten für Auslieferungen von Produkten

Sollte eine Handelsvertretung für ein vertretenes Unternehmen die Auslieferung von Produkten übernehmen, sind folgende Kosten bei der Berechnung einer Vergütung für diese Dienstleistung zu berücksichtigen:

- Abschreibung des Fahrzeugs
- Treibstoffkosten
- Reparatur- und Wartungskosten
- Kraftfahrzeugsteuer
- Prämien der Transportversicherung
- Personalkosten des Kraftfahrers
- Personalkosten des die Transporte disponierenden Angestellten (evtl. auch anteilig)
- Bürokosten im Zusammenhang mit der Leitung und Verwaltung der Transporte

Auch bei diesen Kosten ist eine eher grobe oder etwas verfeinerte Form der Verrechnung möglich. Zu berücksichtigen sind die Transportstrecken, die Transportzeiten und solche Kosten der Auslieferung, die transportunabhängig sind, wie beispielsweise die Verwaltungskosten. Ob eine Preisberechnung bezogen auf die auszuliefernden Produkte erfolgen kann, ist auch abhängig vom Volumen und Gewicht.

### 4.2.6 Erfassung und Berechnung der Kosten für Marktforschung

Handelsvertretungen können auch Marktforschung für vertretene Unternehmen und Kunden übernehmen. Auch bei dieser Dienstleistung kann eine Kalkulation der Vergütung auf der Basis von Einzel- und Gemeinkosten erfolgen. Folgende Kostenarten sind zu erfassen:

- Personalkosten der hierfür tätigenden Arbeitskräfte (evtl. auch anteilig)
- Abschreibung der EDV-Geräte, die bei der Erhebung und Auswertung der Daten verwendet werden
- Kosten für Marktforschungsmaterial (Papierkosten und Portokosten bei schriftlichen Erhebungen),
- Bürokosten

Bei dieser Dienstleistung ist eine Verrechnung der Marktforschungskosten auf Mengeneinheiten von Produkten eher ungeeignet. Daher sollte vor allem eine genaue Schätzung der Personalkapazitäten vorgenommen werden. Auf der Grundlage der Sach- und Personalkosten kann dann ein Preisangebot abgegeben werden.

## 4.3 Zehn Tipps für das Angebot mit Dienstleistungen

Das Angebot von Dienstleistungen trägt in besonderem Maße zur Sicherung des Geschäftsmodells der Handelsvertretungen bei und kann als Zukunft des Berufsstandes „Handelsvertretung" angesehen werden. Daher sollten die folgenden Tipps besonders beachtet werden:

**Tipp 1: Zusatzleistung stützt Kernleistung**
Eine der wichtigsten Herausforderungen für jede Handelsvertretung stellt die Unterscheidung dar, was zur Kernleistung zu rechnen ist und was darüber hinaus als ergänzende Dienstleistung zu bewerten ist. Die bisherigen Ausführungen haben gezeigt, dass als Kernleistung einer Handelsvertretung das Verkaufen der Produkte und alle unmittelbar für das Verkaufen notwendigen Dienstleistungen zu bezeichnen ist. Alle darüber gehenden Dienstleistungen sind als Ergänzung zu bewerten und sind dementsprechend nicht über den vereinbarten Provisionssatz abgegolten.

Von daher ist es erforderlich, dass alle erbrachten Leistungen hinsichtlich dieser Aufsplittung durchleuchtet und kritisch hinterfragt werden. Vor dem Hintergrund der hohen Heterogenität in Handelsvertretungen ist die Bewertung selbst vorzunehmen. Generelle Empfehlungen können nicht ausgesprochen werden.

**Tipp 2: Tue Gutes und rede darüber**
Von vielen vertretenen Unternehmen wie auch von den Abnehmern werden die erbrachten Dienstleistungen als selbstverständlich hingenommen und nicht hinreichend gewürdigt. Dies liegt nicht zuletzt daran, dass die Handelsvertretungen selbst kein klares Bild über die erbrachten Dienstleistungen haben, geschweige denn diese aktiv vermarkten. Von daher ist zu empfehlen, alle angebotenen Dienstleistungen detailliert aufzulisten, sowohl die der Kernleistung zuzurechnenden als auch die ergänzenden Dienstleistungen.

Es bietet sich darüber hinaus an, alle oder ausgewählte Dienstleistungen entsprechend der Zielgruppe aktiv in die Vermarktung zu integrieren. In homogenen Produktumfeldern kann gerade die aktive Vermarktung der Dienstleistungen den Ausschlag für den Verkaufserfolg geben. Man sollte sich auch nicht scheuen, vermeintliche Selbstverständlichkeiten darzustellen. Was einem Handelsvertreter klar erscheint und als Tagesgeschäft abgespeichert ist, kann beispielsweise für Kunden eine Besonderheit sein.

**Tipp 3: Systematisch suchen und über den Tellerrand blicken**
Bei der Herausstellung von Dienstleistungen darf man es nicht dabei belassen, lediglich bereits erbrachte Dienstleistungen enumerativ aufzulisten. Da Dienstleistungen den entscheidenden Wettbewerbsvorteil darstellen können, ist es proaktiven Handelsvertretungen durch regelmäßige und systematische Suche nach neuen Dienstleistungen eher möglich, dauerhaft erfolgreich zu sein.

Systematische Suche meint dabei, stets sowohl bei den vertretenen Unternehmen wie auch bei den Abnehmern nach Aufgaben Ausschau zu halten, die weder

### 4.3 Zehn Tipps für das Angebot mit Dienstleistungen

von den Marktpartnern selbst noch von anderen Dienstleistern adäquat, zeitnah und in einem angemessenen Preis-Leistungs-Verhältnis erbracht werden können. Dabei ist auch an Dienstleistungen zu denken, die über das bisherige Produktumfeld, die gegenwärtigen Märkte sowie die bisherigen Zielgruppen hinausgehen. Der Handelsvertreter positioniert sich damit als Dienstleister weit über das angebotene Produktportfolio hinaus. Gerade diese neu aufgespürten Dienstleistungen ermöglichen neue Konditionenverhandlungen und bieten auch in bestehenden Verträgen zusätzliche Spielräume. Dies bedingt, aktiv die Rolle des Treibers einzunehmen und dem Handelspartner einen Vorschlag zu unterbreiten und bereits eine Lösung anzubieten.

**Tipp 4: Vermarktungsformate mit Zielgruppen verbinden**
Die Vielfalt denkbarer Vermarktungsmöglichkeiten von Dienstleistungen scheint unerschöpflich. Je nach Zielgruppe können unterschiedliche Vermarktungsformate hilfreich sein. Erreicht man manche Zielgruppe eher durch einen Flyer, können die gleichen Inhalte für eine andere Zielgruppe eher durch soziale Netzwerke interessant werden. Die Vermarktungsformate sollen daher regelmäßig daraufhin überprüft werden, ob sie noch mit den Zielgruppen übereinstimmen. Ein jährlicher Check ist angeraten.

**Tipp 5: Strategische Kooperationspartner suchen**
Damit stets eine qualitativ hochwertige Dienstleistung sichergestellt werden kann und die Handelsvermittlung nicht das Image erhält, irgendwie alles, aber nichts richtig zu können bzw. anzubieten, kann es eine sinnvolle Strategie sein, zwar die Dienstleistung im eigenen Namen anzubieten, sich für deren Durchführung aber einen strategischen Kooperationspartner zu suchen, für dessen einwandfreie Leistung der Handelsvertreter quasi bürgt. Die Handelsvertretung wird damit in die Lage versetzt, ein größeres Dienstleistungsportfolio in besserer Qualität anzubieten.

**Tipp 6: Win-win-Situation durch Outsourcing**
Während kleinere Abnehmer bei der reinen Produktlieferung für viele Hersteller und damit auch für viele Handelsvertretungen nicht immer attraktiv sind, kann das gezielte Angebot ergänzender Dienstleistungen von Handelsvertretungen dieses Segment insgesamt deutlich attraktiver machen.

Wenn diese Kleinabnehmer die notwendigen Dienstleistungen, die sie selbst nicht zu erbringen vermögen, auf die Handelsvertretung outsourcen, kann daraus für alle drei Marktpartner ein attraktives Geschäftsmodell entstehen. Handelsvertretungen ist zu empfehlen, gezielte Dienstleistungspakete für diese Zielgruppe zu schnüren, damit ein vergleichsweise hoher Standardisierungsgrad erreicht werden kann. Nur so resultiert ein betriebswirtschaftlich sinnvolles Kosten-Nutzen-Verhältnis.

**Tipp 7: Für ausländische Firmen Märkte machen**
Vertretene Unternehmen mit internationalem Hintergrund sind gerade bei der Erschließung neuer Absatzmärkte auf zahlreiche Dienstleistungen angewiesen. Der alleinige Vertrieb von Produkten – so bedeutsam auch immer – reicht nicht aus, um auf einem Markt hinreichend schnell eine Amortisation zu erreichen. Deshalb sind gerade im internationalen Kontext Dienstleistungen, wie beispielsweise Übersetzungsarbeiten, Moderationstätigkeiten, Begleitung und Unterstützung bei Verhandlungsterminen als Vermarktungsaspekt besonders hervorzuheben.

**Tipp 8: Transparenz durch Kalkulation der Kosten**
Auf jeden Fall sollten alle ergänzenden Dienstleistungen möglichst genau kalkuliert werden. Dies ermöglicht zum einen eine interne Steuerung und Kontrolle der eigenen Ressourcen, eröffnet aber insbesondere gegenüber dem vertretenen Unternehmen sowie Kunden die Möglichkeit einer erweiterten Rechnungsstellung.

Sollte die Durchsetzung von Preisen für ergänzende Dienstleistungen nicht möglich sein, verbessert sich dennoch die Verhandlungsposition der Handelsvertretung, da immer wieder darauf hingewiesen werden kann, welche Leistungen ergänzend erbracht werden.

**Tipp 9: Neues Spiel, neues Glück**
Sinnvollerweise ist eine Unterscheidung in bestehende und neu akquirierte Verträge vorzunehmen. Das Nachverhandeln innerhalb bestehender Verträge, insbesondere wenn es sich um erlernte Dienstleistungen handelt, ist schwer oder kaum möglich. Hier dient die Kalkulation und Vermarktung in erster Linie der Stärkung der eigenen Verhandlungsposition sowie der internen Steuerung und Kontrolle.

Bei neuen Verträgen sollten die ergänzenden Dienstleistungen nicht nur explizit im Vertrag aufgeführt, sondern auch gesondert kalkuliert werden. Ob sich dies dann in Form eines höheren Provisionssatzes niederschlägt oder in ergänzenden Vergütungen je nach Aufwand der erbrachten Dienstleistung, ist von Fall zu Fall zu regeln.

### 4.3 Zehn Tipps für das Angebot mit Dienstleistungen

**Tipp 10: Dienstleistungen bringen mehr Sicherheit im Wettbewerb**
Handelsvertretungen sind von ihrem Wesen her stärker als andere Distributionssysteme von Ausschaltungsgefahren betroffen. Dies hängt mit ihrer hohen Unabhängigkeit und ihrer hohen Gestaltungsfreiheit aus Sicht der Marktpartner zusammen. Zudem besteht sehr häufig die Fehlmeinung, dass Brutto-Provisionseinnahmen und tatsächlicher Verdienst der Handelsvertretung identisch sind. Dienstleistungen dienen in besonderem Maße dazu, sich dieser Ausschaltungstendenzen zu entziehen.

## Quellen

Kaapke, A., & Paffhausen, A. (2012). *Der Service macht den Unterschied – Wie Handelsvertretungen durch Dienstleistungen ihr Profil schärfen, die Wettbewerbsposition stärken und die Rentabilität steigern können.* Berlin: CDH-Wirtschaftsdienst-GmbH.

# Baustein 5: Mitarbeiter gut, alles gut – Qualifizierte Mitarbeiter als Erfolgspotenzial einer Handelsvertretung

▶ Internationalisierung, Electronic Commerce, Konzentrationen auf der Anbieter- und Nachfrageseite und das Aufkommen neuer Vertriebsformen zwingen die Handelsvertretungen dazu, ihre Vertriebsaufgaben zu intensivieren und ihre Dienstleistungen zu erweitern. Diese Maßnahmen sind sehr häufig nur möglich, wenn qualifizierte und engagierte Mitarbeiter vorhanden sind. Aber schon jetzt zeigt sich, dass hier ein Engpassfaktor liegt.

Inhalt dieses Kapitels sind die Maßnahmen, die eine Handelsvertretung ergreifen muss, um qualifizierte Mitarbeiter zu finden und zu halten. Hierzu zählt die Motivation durch Leistungsanreize genauso wie die Weiterbildung. Einen Schwerpunkt bilden Vorschläge, wie die „richtige" Vergütung der Außendienstmitarbeiter in einer Handelsvertretung aussehen kann. Außerdem wird gezeigt, wie hoch die Kosten für einen Mitarbeiter veranschlagt werden müssen und wie viel ein Kundenbesuch kostet.

Bei immer ähnlicheren Produkten hinsichtlich Preis wie auch Leistung und Qualität erhält der Vertriebsmitarbeiter in seiner Mittlerfunktion eine wachsende Bedeutung für den Vertriebserfolg. Nur ein Vertriebsmitarbeiter kann im direkten Gespräch mit dem Kunden schnell und flexibel auch auf komplexe oder häufig schlecht strukturierte Kundenwünsche eingehen und unmittelbare Kompetenz zur Problemlösung beweisen. Auch wenn Internet und Online-Marketing möglicherweise die Vermutung aufkommen lassen, dass – ähnlich wie bei der „bedienerlosen Fabrik" – die Zukunft zunehmend in einem „mitarbeiterfreien Vertrieb" liegen könnte, so ist dies ist jedoch weit gefehlt. Denn Erfolge werden auch weiterhin über Vertrauen als Kauffaktor erreicht.

Die elektronischen Medien eröffnen zweifellos neue Möglichkeiten der Kommunikation mit dem Kunden, doch wird durch die unpersönliche elektronische Kommunikation auch die Bindung des Kunden an das eigene Angebot erschwert. Um mit den neuen informationstechnischen Möglichkeiten für den Kunden nicht in der Anonymität zu versinken, sondern trotzdem langfristige Kundenbindungen zu entwickeln, wächst die Bedeutung des Faktors Mensch in erfolgreichen Vertriebsprozessen.

## 5.1 Engpassfaktor Personal

Aber schon jetzt stellt sich die Frage, ob überhaupt ausreichend qualifiziertes Personal gewonnen und gehalten werden kann. Denn auch für den Vertrieb birgt die Demografie eine strategische Herausforderung. Bereits heute sind in den Augen vieler Experten die meisten Vertriebsorganisationen unterdimensioniert. Außerdem erreichen in den nächsten zehn Jahren zahlreiche qualifizierte Verkäufer den Ruhestand. Und Nachwuchs scheint in diesem Metier rar zu sein. Personalberater weisen darauf hin, dass in naher Zukunft die Zeit kommen wird, in der sich Mitarbeiter ihr Unternehmen aussuchen – und nicht umgekehrt. Die Ergebnisse aus Befragungen mittelständischer Unternehmen zeigen, dass es nicht mehr überall gelingt, geeignete Bewerber zu bekommen. Mehr und mehr sehen die Unternehmen den Mangel an Fachkräften als Hemmnis für ihre wirtschaftliche Entwicklung und somit als Geschäftsrisiko an.

Vor allem bei den größeren Handelsvertretungen wird man sich verstärkt Gedanken darüber machen müssen, welche Maßnahmen zu ergreifen sind, um qualifizierte Vertriebsmitarbeiter zu finden. Schon jetzt haben die größeren Handelsvertretungen Probleme bei der Personalrekrutierung, überwiegend die aus den technischen Branchen oder mit Produkten, die besonders beratungsintensiv sind.

### 5.1.1 Prima Klima

Dieser Herausforderung, die Basis qualifizierter Mitarbeiter zu sichern, können die Handelsvertretungen mit verschiedenen Maßnahmen begegnen. Hierzu gehört an erster Stelle die Schaffung eines angenehmen Betriebsklimas. Denn fühlen sich Mitarbeiter bei ihrer Tätigkeit und in ihrem betrieblichen Umfeld wohl, identifizieren sie sich stärker mit ihrem Unternehmen, zeigen eine hohe Leistungsbereitschaft und beschäftigen sich eher selten mit Abwanderungsgedanken. Dies merken auch die Kunden; die Produktivität steigt und die Entscheidungsprozesse und Arbeitsabläufe sind fließender.

Über die Arbeitszufriedenheit entscheidet aber auch, wie sinnvoll der Mitarbeiter seine Tätigkeiten erlebt. Es sollte daher mit ihm gemeinsam hinterfragt werden, ob Aufgaben, die getan werden sollen, in der Art und im Umfang noch sinnvoll, zeitgemäß und mitarbeiterfreundlich sind. Auch Betriebsabläufe ändern sich im Laufe der Zeit und können wiederum veränderten Wünschen des Personals angepasst werden. Es gilt also, etwas genauer hinzuschauen, was Mitarbeiter möchten und was davon mit den Zielen des Betriebes zu vereinbaren ist.

### 5.1.2 Anreize mobilisieren

Sollten die Mitarbeiter in einer Handelsvertretung zu einem Wettbewerbsvorteil werden, so muss man auch einen Blick auf die Maßnahmen werfen, die als Leistungsanreize gedacht sind, also den Mitarbeiter bei seiner Vertriebstätigkeit steuern und motivieren sollen. Sehr häufig erschöpft sich immer noch das Anreizsystem in der finanziellen Entlohnung. Natürlich muss das Geld stimmen, damit der Mitarbeiter seinen Lebensunterhalt und noch etwas darüber hinaus bestreiten kann. Die monetäre Entlohnung ist aber nicht der alleinige Bereich, mit dem sich ein Betrieb von einem anderen abheben kann oder womit er anziehend wirkt für neue Mitarbeiter. Da gibt es noch einiges mehr. Beispielsweise spielen mittlerweile die Dinge eine große Rolle, die helfen, den Mitarbeitern das Leben leichter zu machen und sie sozial stärker einzubinden. Dazu gehören flexible Arbeitszeiten, Homeoffices oder Betreuungsangebote für die Kinder von Mitarbeitern und Mitarbeiterinnen. Arbeitnehmerfreundliche Leistungen werden auch im Abschluss einer Direktversicherung oder in der Privatnutzung eines Firmenwagens gesehen. Interessant und lohnend empfindet ein Mitarbeiter seine Tätigkeit vor allem dann, wenn er durch regelmäßige Besprechungen informiert und in Unternehmensentscheidungen und -prozesse einbezogen wird. In der modernen Arbeitswelt sollte auch von kleinen Betrieben der Ruf nach größeren Freiräumen zur Gestaltung der Arbeit und des Lebens gehört werden.

### 5.1.3 Weiterbildung tut not

Aus vielen Unternehmensbefragungen geht hervor, dass sich erfolgreiche Betriebe intensiv um die Entwicklung ihrer Mitarbeiter und somit um das Thema Weiterbildung kümmern. Dies ist gerade in Zeiten des drohenden

Fachkräftemangels besonders wichtig. Auch kleine Unternehmen, die Mitarbeiter nicht mit Topgehältern locken oder binden können, stellen sich durch Weiterbildungsangebote als attraktive Arbeitgeber dar. Denn mit den Möglichkeiten, sich zusätzliches Wissen anzueignen, wächst nicht nur die Kompetenz der Mitarbeiter, sondern auch deren Zufriedenheit. Außerdem zeigt es sich, dass die Qualifikation der Gesprächspartner aus Industrie und Handel in den letzten Jahren immer mehr gestiegen ist. Mitwachsen müssen daher auch die Mitarbeiter in den Handelsvertretungen, um als adäquate und kompetente Partner akzeptiert zu werden. Eine solide Basis an Wissen über Marketing, Vertriebsstrategien, die Nutzung neuer Technologien und vor allem über die betriebswirtschaftlichen Basisthemen ist sehr wertvoll für die zukünftige Außendiensttätigkeit.

## 5.2 Die richtige Entlohnung der Mitarbeiter in Handelsvertretungen

In jedem Unternehmen ist die Vergütung der Mitarbeiter eines der meist diskutierten Themen und eine nicht einfache Führungsaufgabe. Dies gilt besonders bei den Bezügen der Außendienstmitarbeiter. Hier spielt bekanntlich die Motivation eine besonders große Rolle und es wird ein hohes Maß an Einsatzfreudigkeit und Pflichterfüllung erwartet. Außerdem besteht das Problem, wie die Arbeitsleistung zu messen und zu kontrollieren ist.

Gestaltungsmöglichkeiten für Vergütungssysteme gibt es viele. Keine Form kann jedoch für sich in Anspruch nehmen, die „richtige" zu sein. So sind beispielsweise Fixgehälter oder Provisionen, die auf getätigten Umsatz gezahlt werden, nicht generell schlechter oder besser als von der betrieblichen Zielerreichung abhängige Prämien oder Boni. Mit allen Instrumenten können unterschiedliche Steuerungswirkungen erzielt werden. Jeder Handelsvertreter hat daher seine betriebsspezifischen Umstände zu berücksichtigen, zu denen beispielsweise Marktbearbeitungsstrategien, Branchengegebenheiten, die eigene Kostensituation, Art und Umfang der Tätigkeiten der einzelnen Mitarbeiter sowie psychologische Faktoren gehören.

Probleme ergeben sich, wenn eine „falsche" Entlohnungsform angewandt wird oder Mitarbeiter das Gefühl haben, dass ihre Tätigkeit nicht leistungsgemäß vergütet wird. Für den Arbeitgeber gilt es daher, „Warnsignale" zu beachten, zu denen beispielsweise folgende Verhaltensweisen gehören können:

- Ein deutliches Zeichen dafür, dass bei der Vergütung etwas nicht in Ordnung ist, sind häufige Kündigungen.

- Die Mitarbeiter bevorzugen unproblematische Kunden. Der „Weg des geringsten Widerstandes" geht an schwierigen Kunden und vor allem an Neukunden vorbei.
- Die Mitarbeiter versuchen, ihr Einkommen durch Spesen aufzubessern. Touren und Besuche werden schlecht geplant, sodass zusätzliche Kosten entstehen.
- Die Verkaufsleistungen sind sehr schwankend. Leistungssteigerungen werden z. B. nur bei angekündigten Prämienzahlungen erzielt.

### 5.2.1 Wer gut verkauft, verdient auch mehr

In der Praxis hat sich die leistungsabhängige Entlohnungsform als ein besonders wirksames Mittel für die Motivation durchgesetzt. Die Zusammensetzung aus fixen (Festgehalt) und variablen (Provisionszahlungen, Prämien) Komponenten ist mittlerweile typisches Merkmal für die Vergütung angestellter Außendienstmitarbeiter. Umfragen zufolge werden die Außendienstmitarbeiter in Handelsvertretungen überwiegend leistungsbezogen bezahlt. Mehr als die Hälfte aller Außendienstler erhalten neben ihrem Festgehalt Provisionen und/oder Prämien als Leistungsanreize.

Außendienst-Vergütungssysteme, die erfolgsorientiert aufgestellt sind, haben Vor- und Nachteile. Ein Vorteil liegt darin, dass fähige Mitarbeiter ihre Gehälter durch die variablen Vergütungskomponenten letzthin selbst bestimmen können. Für das Unternehmen liegt der Vorteil darin, dass höhere Personen-Umsatzleistungen auch prozentual niedrigere Personalkosten zur Folge haben. Als Nachteil ist anzusehen, dass die monetäre Motivation oft überschätzt wird, und es für den Außendienstmitarbeiter häufig sehr schwierig ist, seine Vergütung selbst zu überblicken und berechnen zu können. Ferner steckt in diesem Vergütungssystem die Gefahr, dass die so wichtigen Beratungs- und Dienstleistungen, denen keine leistungsorientierte Vergütung gegenübersteht, vernachlässigt werden.

### 5.2.2 Beim Festgehalt geht Sicherheit vor Motivation

Eine tragende Säule der Außendienstvergütung ist das Festgehalt. Hierdurch wird die Leistungsbereitschaft des Mitarbeiters honoriert. Kennzeichnend für diese Vergütungsart ist, dass jede Leistungsbezogenheit fehlt und die erwartete Normalleistung abgegolten werden soll. Dabei steht der Mitarbeiter nicht unter einem Verkaufszwang. Es handelt sich um die stabilste Einkommensform, die ein hohes Maß an sozialer Sicherheit bietet.

Aus betrieblicher Sicht stellt das Festgehalt nur geringe Anforderungen an die Abrechnungsstelle und wird allein aus diesem Grund noch immer bevorzugt. Festgehälter sind andererseits Fixkosten, die eher kritisch zu betrachten sind. Das Festgehalt hat seine Berechtigung vor allem dann, wenn

- keine direkte Beziehung zwischen Leistung und Entlohnung hergestellt werden kann. Beispiel: Anteil der Beratungstätigkeit überwiegt im Rahmen der Verkaufstätigkeit bei komplexen Produkten; Mitarbeiter erbringt überwiegend Serviceleistungen;
- sich Probleme ergeben bei der Zuordnung der Verkaufsleistung auf die am Verkauf beteiligten Mitarbeiter (Teamarbeit);
- sehr starke saisonale Absatzschwankungen vorkommen;
- neue Mitarbeiter eingearbeitet werden.

### 5.2.3 Garantieeinkommen mit Anreiz

Bei einem Drittel der Handelsvertretungen sind die Kombination von Festgehalt und Provision eine weitverbreitete Entlohnungsform. Der Grundgedanke dabei ist, dass der Arbeitgeber mit dem Festgehalt dem sozialen Sicherheitsbedürfnis des Mitarbeiters Rechnung trägt und in der Provisionszahlung ein Anreizmittel zur Steigerung der Verkaufsleistung einsetzt. Diese Entlohnungsform stellt zwar gegenüber dem reinen Festgehalt erhöhte Anforderungen an die Gehaltsbuchhaltung, sie bietet jedoch bei richtiger Anwendung einen starken Leistungsanreiz und garantiert einen sich weitgehend selbststeuernden Verkaufsaußendienst. Dem Vorteil der größeren Sicherheit für den Mitarbeiter, den die reine Festentlohnung mit sich bringt, steht bei den teilweise variabel entlohnten Mitarbeitern die Chance gegenüber, ein höheres Gesamtgehalt zu erzielen.

### 5.2.4 Berechnungsgrößen und Provisionsbasis

Wenn es darum geht, die fixen und variablen Einkommensbestandteile festzulegen und zu gewichten, sollten folgende Grundsätze beachtet werden:

- Je stärker es für den Außendienstmitarbeiter möglich ist, seine Leistung zu beeinflussen, desto höher ist der variable Entlohnungsanteil anzusetzen. Und umgekehrt, je umfangreicher die zeitorientierten Tätigkeiten wie Service und

Innendienstaufgaben sind, umso geringer sollte der variable Anteil an der Gesamtvergütung sein.
- Erkenntnissen aus der Praxis der Reisenden-Entlohnung in der Industrie zufolge sollte der variable Vergütungsanteil nicht unter 20 % liegen, da sonst nur noch ein geringer Anreiz besteht. Und er sollte und nicht über 50 % angesetzt sein, da sonst für den Mitarbeiter eine zu große Unsicherheit hinsichtlich seiner Lebensführung besteht. Von Personalleitern und Entlohnungsberatern werden daher auch rund 30 % als zweckmäßig angesehen.
- Von Bedeutung für die Berechnung der variablen Vergütung der Außendienstmitarbeiter sind die Bemessungsgrundlage und die Höhe des Provisionssatzes. Beide Größen tragen dazu bei, dass das Einkommen über einem fest vereinbarten Grundbetrag liegen wird. Als Basis für die Berechnung des anteiligen Leistungslohnes bieten sich verschiedene Möglichkeiten an, beispielsweise der vermittelte Warenumsatz, die Provisionseinnahmen oder Deckungsbeiträge. Die Frage, welche die „richtige" Grundlage ist, lässt sich nur betriebsindividuell beantworten. Denn entscheidend ist, auf welche Ziele – z. B. Forcierung des Verkaufs bestimmter Produkte, Steigerung der Provisionseinnahmen aus bestimmten Vertretungen – die Handelsvertretung ihre Außendienstmitarbeiter hinsteuern möchte und welchen Aufwand man bereit ist, beim Abrechnungsverfahren in Kauf zu nehmen.

In der Praxis stellen der vermittelte Warenumsatz und die Provisionseinnahmen überwiegend die Basis für die Berechnung dar, da die Ermittlung dieser Größen relativ unproblematisch ist. Deckungsbeiträge haben als Zielgrößen der Außendienstvergütung bei weitem nicht die Bedeutung erreicht, die von Beratern vielfach prognostiziert wurde. Diese Feststellung gilt auch für die Entlohnung der angestellten Reisendenstäbe der Industrie.

### 5.2.5 Feinsteuern mit Prämien

Da Provisionssätze als Entlohnungselement bei Mitarbeitern kurzfristig kaum geändert werden können, ist auch ein notwendiges schnelles Reagieren bei Veränderungen im Markt oft nicht möglich. Kurz- bzw. mittelfristige Einzel- und Zusatzleistungen können daher relativ einfach durch Prämien gefördert werden.

Prämien sind kein fester Gehaltsbestandteil, sondern eine zusätzliche Honorierung für gute Leistungen bzw. das Erreichen bestimmter Zielsetzungen. Sie kommen in Verbindung mit allen Entlohnungsformen vor und können einen starken leistungsmotivierenden Charakter haben, je nach der festgesetzten Höhe. Im

Regelfall werden Prämien für bestimmte, zeitlich begrenzte Aktionen gezahlt. Formen der Prämien sind zum einen die einmalige Zahlung, z. B. für das Erreichen bestimmter Umsatzziele, für die Gewinnung neuer Kunden. Zum anderen gibt es Zeitprämien, beispielsweise für die Einführung neuer Artikel, für den Verkauf von Saisonware etc.

### 5.2.6 Dienstwagen als Anreizmittel

Für den Außendienstmitarbeiter einer Handelsvertretung ist das Kraftfahrzeug ein unbedingt notwendiges Hilfsmittel, das er für seine tägliche Arbeit benötigt. Wird dem Außendienstmitarbeiter ein Dienstwagen zur Verfügung gestellt und ihm gestattet, es für private Zwecke zu nutzen, so handelt es sich um eine geldwerte Zusatzleistung, die in eine Betrachtung über die Vergütung einbezogen werden muss. In der Praxis wird die private Verwendung eines Dienstwagens auch als wirksames Belohnungs- und Anreizmittel eingesetzt.

## 5.3 Die Kosten von Außendienstmitarbeitern in einer Handelsvertretung

Die Notwendigkeit einer intensiveren Bearbeitung des Marktes oder die Ausweitung des Vertretungssortiments um eine neue Vertretung stellen einen Handelsvertreter oftmals vor das Problem, dass die Kapazität seines Betriebes nicht mehr ausreicht. Die Konsequenz daraus ist, den Personalbestand zu vergrößern. Bevor jedoch Einstellungsgespräche geführt werden, ist es wichtig zu wissen, wie hoch die Kosten eines Mitarbeiters im Außendienst zu veranschlagen sind. Daraus lässt sich dann leicht ableiten, welche Provisionseinnahmen erforderlich sind, um diese Kosten zu decken. Denn reichen die Einnahmen nicht aus, muss zwangsläufig nach anderen Wegen gesucht werden, um den personellen Engpass zu beseitigen.

Aber nicht nur für die Einstellung eines Reisenden in seinen Betrieb muss der Handelsvertreter ein genaues Bild von der Höhe der Personalkosten haben. Diese Zahlen dienen auch dazu, die Effizienz eines Mitarbeiters zu beurteilen. Berücksichtigt man die steigende Tendenz der Außendienstkosten für die nächsten Jahre und die immer kürzer werdende Zeit für Kundenbesuche, dann gewinnt eine solche Überprüfung eine immer größere Bedeutung. Tab. 5.1 soll eine Vorstellung davon geben, mit welchen Kosten zu rechnen ist. Mithilfe dieses Schemas kann jeder Handelsvertreter die Kosten für einen Mitarbeiter im Außendienst

## 5.3 Die Kosten von Außendienstmitarbeitern in einer Handelsvertretung

**Tab. 5.1** Jährliche Kosten für einen Außendienstmitarbeiter in einer Handelsvertretung (Beispielrechnung)

| Kostenart | Betrag in € |
|---|---|
| Jahreseinkommen (Gehalt + Provision + Prämie) | 40.000 |
| Personalzusatzkosten (ca. 40 %) | 16.000 |
| **Personalkosten** | **56.000** |
| Regiekosten (ca. 10 % der Personalkosten) | 5600 |
| Kfz-Kosten (40.000 km à € 0,30) | 12.000 |
| Spesen | 1200 |
| **Summe** | **74.800** |
| Gewinnzuschlag (z. B. 8 %) | 5984 |
| **Einsatzkosten** | **80.784** |

kalkulieren. Zugrunde gelegt werden müssen dabei natürlich die individuellen Bedingungen wie Jahreseinkommen, Regiekosten, Gewinnzuschlag usw.

Zunächst sind die Jahres-Gesamtbezüge eines Außendienstlers anzusetzen. Dazu zählen das Jahres-Festgehalt sowie zusätzlich gezahlte Provisionen und Prämien. Dazu zu rechnen sind die Personalzusatzkosten in Höhe von rund 40 %. Dieser Wert findet in der Praxis überwiegend Anwendung. Zu den Personalzusatzkosten gehören beispielsweise Gratifikationen, vermögenswirksame Leistungen, Arbeitgeberbeiträge zur Renten-, Kranken- und Arbeitslosenversicherung, Aufwendungen für die betriebliche Altersversorgung, Aufwendungen für die berufliche Bildung und sonstige freiwillige Leistungen. Außerdem fallen im Personalwesen einer Handelsvertretung auch Regiekosten an, die in eine solche Kalkulation ebenfalls mit einbezogen werden müssen. Hierzu zählen der Verwaltungsaufwand für die Gehalts- und Spesenabrechnung, die Arbeitsplatzkosten sowie die Einstellungskosten. Und schließlich gehören zu den Einsatzkosten eines Außendienstmitarbeiters die Aufwendungen für ein Kraftfahrzeug sowie die Tages- und Übernachtungsspesen. Nicht vergessen werden sollte auch, den so ermittelten Gesamtkosten eines Außendienstmitarbeiters in einer Handelsvertretung einen prozentualen Gewinnbeitrag für den Kapitaleinsatz und das Risiko zuzuschlagen.

Wenn nun der Handelsvertreter die Einsatzkosten für seinen Außendienstmitarbeiter kennt, kann er leicht errechnen, welche Einnahmen von diesem Mitarbeiter erzielt werden müssen, um Kosten und Gewinnmarge zu erwirtschaften. Dabei gilt:

▶ Einsatzkosten = Provisionseinnahmen und somit Provisionssatz x vermittelter Warenumsatz

Tab. 5.2 gibt ein Bild davon, wie die Einnahmeseite bei dem hier vorgestellten Beispiel aussehen müsste. Verursacht ein Außendienstmitarbeiter beispielsweise Einsatzkosten (einschließlich eines Gewinnzuschlages) in Höhe von € 80.784, so entspricht dies den Provisionseinnahmen pro Jahr bei den in Tab. 5.2 aufgeführten Provisionssätzen und vermittelten Warenumsätzen.

Beabsichtigt ein Handelsvertreter, einen Mitarbeiter für seinen Außendienst einzustellen, ist es unbedingt erforderlich, dass er die Provisionseinnahmen schätzt und den möglichen Kosten gegenüberstellt. Wichtig ist vor allem, möglichst realistische Vorstellungen darüber zu gewinnen, ob der zu bearbeitende Markt den notwendigen vermittelten Warenumsatz hergibt. Sollte der Vergleich zu dem Ergebnis führen, dass die Einnahmen zu gering sind, ist zu überlegen, ob auf der Kostenseite – beispielsweise beim Einkommen des Mitarbeiters oder beim Gewinnzuschlag – Kürzungen möglich sind. Eine Lösung wäre auch, erst dann eine Vergrößerung des Personalbestandes vorzunehmen, wenn eine weitere Vertretung als Einnahmequelle hinzukommt. Voraussetzung ist jedoch hierbei, dass die Betreuungskapazität des Mitarbeiters dies zulässt. Gesehen werden muss auch die Konsequenz, auf die Einstellung eines Mitarbeiters und damit auf die Aufnahme einer neuen Vertretung ganz zu verzichten. Denn entscheidend ist, dass sich der Einsatz bzw. die Neuaufnahme rechnet.

**Soviel kostet ein Kundenbesuch eines Außendienstmitarbeiters**
Für einen Handelsvertreter ist es außerdem von großem Nutzen zu wissen, wie hoch die Kosten eines Kundenbesuches für einen Außendienstmitarbeiter sind. Diese Informationen sind beispielsweise hilfreich für die Besuchs- und Tourenplanung der Mitarbeiter. Sie dienen ferner als Grundlage bei Gesprächen mit den vertretenen Firmen über die Besuchsintensität der Kunden sowie bei Provisionsverhandlungen.

**Tab. 5.2** Provisionssätze und vermittelte Warenumsätze bei Einsatzkosten von € 80.784

| Provisionssatz (%) | Vermittelter Warenumsatz (€ Mio.) |
|---|---|
| 3 | 2,693 |
| 5 | 1,616 |
| 7 | 1,154 |
| 9 | 0,897 |

## 5.3 Die Kosten von Außendienstmitarbeitern in einer Handelsvertretung

Man geht so vor, dass die Einsatzkosten eines Außendienstmitarbeiters für ein Jahr auf kleinere Zeiteinheiten (Arbeitstag, -stunde, -minute) heruntergerechnet werden. Diese Beträge zeigen dem Handelsvertreter die Kosten eines Kundenbesuchs insgesamt und – bei entsprechender Aufteilung – die Kosten, die beim Kundenbesuch für die verschiedenen vertretenen Firmen verursacht werden. Dazu ist es zunächst notwendig, die Arbeitszeit des Außendienstmitarbeiters zu ermitteln, wie beispielsweise in Tab. 5.3.

Bei Gesamtkosten von € 80.784 kostet somit ein Arbeitstag im Außendienst € 448,80 (€ 80.784: 180). Unter der Voraussetzung, dass der Mitarbeiter täglich 6 Kundenbesuche durchführen kann, kostet dann ein Besuch € 74,80. Um diese Kosten decken zu können, müssen bei jedem Besuch im Durchschnitt folgende Aufträge eingeholt werden (vgl. Tab. 5.4).

Da eine Handelsvertretung in aller Regel mehrere Vertretungen hat, sollte sowohl für einen Kosten-Nutzen-Vergleich als auch für Provisionsverhandlungen bekannt sein, welche Kosten beim Kundenbesuch für ein bestimmtes

**Tab. 5.3** Arbeitszeit eines Außendienstmitarbeiters pro Jahr

| Kalenderjahr | 365 Tage |
|---|---|
| ./.Sonn-/Samstage | 104 |
| ./.Feiertage | 11 |
| | **250** |
| ./.Urlaub | 30 |
| ./.Krankheit | 7 |
| ./.Schulung/Messebesuche | 6 |
| | **207** |
| ./.Innendiensttätigkeit/Besprechungen | 27 |
| **Zeit für Tätigkeit im Außendienst (Reisetage)** | **180** |

**Tab. 5.4** Provisionssätze und vermittelte Warenumsätze bei den Kosten eines Kundenbesuches von € 74,80

| Ø Provisionssatz (%) | Vermittelter Warenumsatz (€) |
|---|---|
| 3 | 2493 |
| 5 | 1496 |
| 7 | 1069 |
| 9 | 831 |

Unternehmen entstehen. Hierzu ist es notwendig, über einen Zeitraum hinweg (beispielsweise für einen Monat) eine Zeitanalyse für einen Außendienstmitarbeiter vorzunehmen. Sie könnte beispielsweise wie in Tab. 5.5 dargestellt aussehen.

Daraus folgt: Bei Gesamtkosten von € 80.784 für einen Außendienstmitarbeiter pro Jahr ergeben sich die in Tab. 5.6 dargestellten Werte. Wie die Beispielrechnung zeigt, lassen sich dann die Kosten eines Kundenbesuchs für eine bestimmte

**Tab. 5.5** Beispiel für die Ermittlung der produktiven Arbeitszeit des Außendienstes

| Arbeitszeit | In Tagen und Stunden | Prozentualer Anteil (%) |
|---|---|---|
| Zur Verfügung stehende Arbeitszeit pro Jahr | 207 Tage | 100 |
| × **Arbeitszeit 8 h pro Tag = Arbeitsstunden pro Jahr** | **1656 h** | **100** |
| Davon Innendiensttätigkeit (27 Tage × 8 h) | 216 h | 13,0 |
| **= Arbeitsstunden im Außendienst** | **1440 h** | **87,0** |
| Davon Fahrtzeit (40.000 km × Ø 50 km/Std.) | 800 h | 48,3 |
| Davon Zeit für Warten, Parken, Pausen usw. (1/2 Std. pro Tag) | 90 h | 5,4 |
| **Effektive Verkaufs-/Beratungszeit** | **550 h** | **33,3** |

**Tab. 5.6** Beispiele für Kosten je Arbeitsstunde und -minute eines Außendienstmitarbeiters bei jährlichen Gesamtkosten von € 80.784

| Kosten | Berechnung (€) | €/Stunde bzw. €/Minute |
|---|---|---|
| Je Arbeitsstunde (Innendienst- und Außendiensttätigkeit) | 80.784 : 1656 | 48,78 |
| Je Stunde im Außendienst | 80.784 : 1440 | 56,10 |
| Je verkaufs-/beratungsaktive Stunde | 80.784 : 550 | 146,88 |
| Je Minute im Außendienst | 56,10 : 60 | 0,94 |
| Kosten je verkaufs-/beratungsaktive Minute | 146,88 : 60 | 2,45 |

Für jeden **Kundenbesuch** können dann die Kosten wie folgt ermittelt werden: (Fahrtzeit + Gesprächszeit) × € 0,94/min. oder Gesprächszeit × € 2,45/min.

## 5.3 Die Kosten von Außendienstmitarbeitern in einer Handelsvertretung

vertretene Firma wie in Abb. 5.1 ermitteln. Werden diese Kosten über eine bestimmte Periode den jeweiligen Provisionseinnahmen gegenübergestellt, so besitzt der Handelsvertreter eine sehr informative Rentabilitätsanalyse je Kunde bzw. je vertretene Firma.

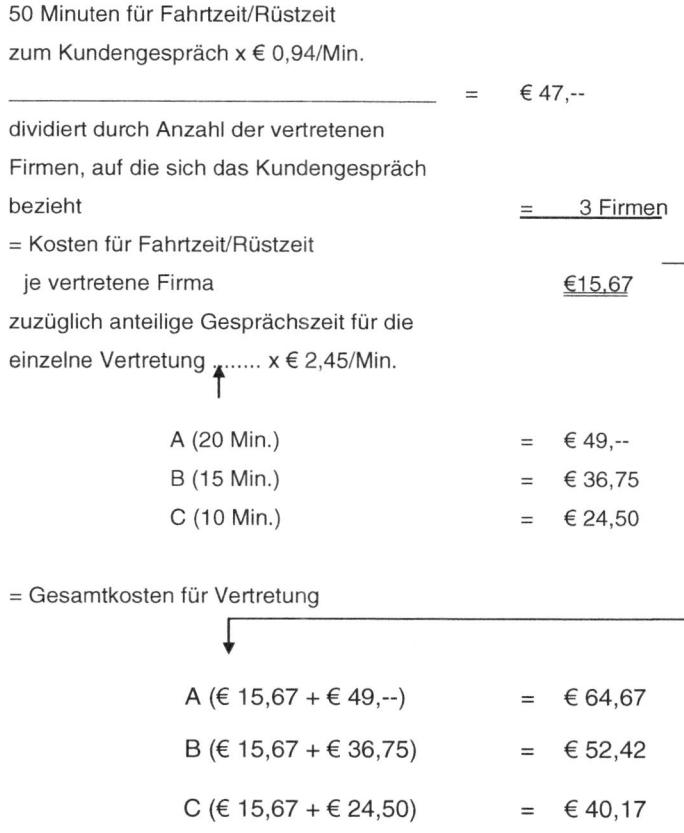

**Abb. 5.1** Beispielrechnung für die Kosten eines Kundengesprächs je Vertretung

# Baustein 6: Vom Blindflug zum Sichtflug – Kennzahlen sind für Handelsvertreter ein unentbehrliches Führungsinstrument

▶ Betriebswirtschaftliche Kennzahlen sind auch für jeden Handelsvertreter ein wichtiges Führungsinstrument, da sie zahlenmäßig erfassbare Sachverhalte in konzentrierter Form darstellen. Keine Führungsperson ist heute mehr in der Lage, ihren Betrieb ohne diese Messzahlen kontrollieren und zu managen. Die Einflüsse des Marktes, das Tempo der Veränderungen, die Komplexität der Rahmenbedingungen und die starke Zunahme des Aufgabenspektrums machen ein individuelles Controlling erforderlich.

Dieses Kapitel gibt einen Überblick darüber, wie ein Frühwarnsystem in einer Handelsvertretung aufgebaut werden kann. Gezeigt wird, welche Kennzahlen Auskunft über die Entwicklung der Leistungen und Kosten geben. Des Weiteren wird dargestellt, welche personalbezogenen Kennzahlen von besonderer Bedeutung sind, und Antworten auf Fragen wie „Wo liegen unsere Stärken und wo sind unsere Schwächen?" werden gegeben.

Wo stehen wir heute mit unseren Leistungen im Vergleich zum Vorjahr? Wo liegen unsere Stärken? Wo sind unsere Schwächen? Diese und weitere Fragen müssen sich Handelsvertreter permanent stellen, wenn sie nicht nur improvisieren, sondern planvoll und zukunftsorientiert handeln wollen. Betriebswirtschaftliche Leistungskennzahlen können hierzu wertvolle Auskünfte liefern. Sie sind auch für jeden Handelsvertreter ein wichtiges Führungsinstrument, da sie zahlenmäßig erfassbare Sachverhalte in konzentrierter Form darstellen. Dabei besteht naturgemäß die Schwierigkeit, aus der Flut der Daten jene Zahlen herauszufiltern, die wirklich benötigt werden. Schon manch einer hat im Informationsüberfluss eine gewisse Informationsarmut erlebt. Denn durch die vielen Detailinformationen bleiben oft Zusammenhänge unerkannt und wird der Blick auf das Wesentliche verstellt. Kennzahlen können hier weiterhelfen. Sie kommen in verschiedenen Formen vor:

- als absolute Zahlen, die Summen (z. B. gesamte Provisionseinnahmen), Differenzen (z. B. Gewinn) oder Mittelwerte (z. B. durchschnittlicher Lagerbestand) sein können;
- als relative Zahlen, die als Quotient aus zwei oder mehreren absoluten Zahlen gebildet werden (z. B. Umsatz je Außendienstmitarbeiter, Provisionsanteil der Vertretung A an den gesamten Provisionseinnahmen einer Handelsvertretung; Veränderungen der Umsätze in den einzelnen Jahren bezogen auf ein bestimmtes Basisjahr).

## 6.1 Aufgaben von Kennzahlen

Hauptaufgabe der betriebswirtschaftlichen Kennzahlen ist die laufende Kontrolle der betrieblichen Leistung, der Kosten und des Betriebsergebnisses. Sie können aber auch als Planungshilfen eingesetzt werden. Mithilfe von Kennzahlen und durch Vergleichsrechnungen können Handelsvertreter

- Schwachstellen in den verschiedenen Bereichen ihrer Agentur erkennen und Fehlentwicklungen orten,
- Ansatzpunkte für rechtzeitiges Einleiten von Anpassungsmaßnahmen herausfinden,
- ihren vertretenen Firmen Verbesserungen vorschlagen und betriebliche Entscheidungen vorbereiten.

Doch Achtung: Kennzahlen sind zwar ein modernes Führungsinstrument, aber kein Allheilmittel. Sie zeigen lediglich an, wo Störungen vorliegen, regeln sie aber nicht automatisch. Sie zeigen negative oder positive Entwicklungen auf, geben aber möglicherweise keine Hinweise auf die Ursachen. Kennzahlen haben nur dann eine Bedeutung, wenn sie regelmäßig ermittelt und als Informationsquelle praktisch genutzt werden. Zudem kann eine isolierte Betrachtung einzelner Kennzahlen leicht zu falschen Schlüssen führen. Die Übersicht in Abb. 6.1 zeigt in vereinfachter Form das Kennzahlensystem einer Handelsvertretung.

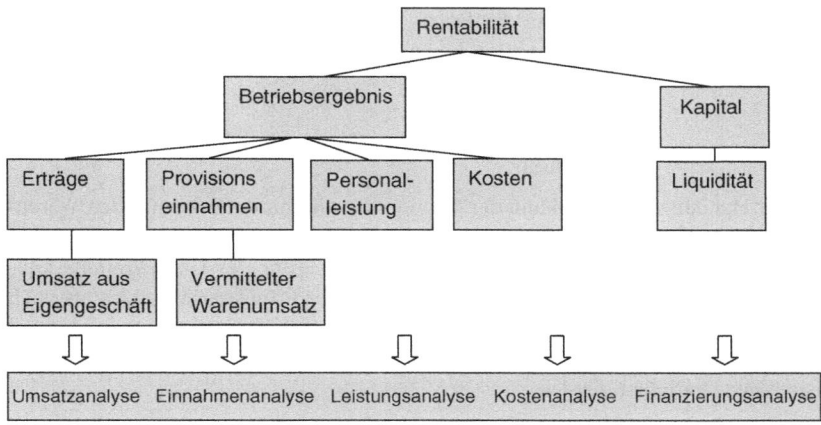

**Abb. 6.1** Kennzahlensystem einer Handelsvertretung

## 6.2 Wichtige Kennzahlen der Handelsvertretung

Für jeden Unternehmer ist die Frage von Bedeutung: Wie hat sich das eingesetzte Kapital verzinst? Auch jeder Handelsvertreter sollte sich diese Frage stellen, da er Kapital in seiner Handelsvertretung angelegt hat, das sich ausreichend verzinsen muss. Der wichtigste Maßstab ist die Höhe der Kapitalverzinsung oder die Kapitalrendite. Hier wird der Gewinn zum eingesetzten Kapital in Beziehung gebracht. Zur Beurteilung der Rentabilität des eingesetzten Kapitals dienen die beiden Kennzahlen „Eigenkapitalrentabilität" und „Gesamtkapitalrentabilität". Bei der Errechnung der Rentabilität des Gesamtkapitals wird der Gewinn um die Fremdkapitalzinsen und das Eigenkapital um das Fremdkapital erweitert. Beide Kennzahlen sollte man ermitteln.

$$\frac{\text{Gewinn}}{\text{Eigenkapital}} \times 100 = \text{Rentabilität des Eigenkapitals}$$

$$\frac{\text{Gewinn} + \text{Fremdkapitalzinsen}}{\text{Gesamtkapitalkapital}} \times 100 = \text{Rentabilität des Gesamtkapitals}$$

Eine weitere Kennzahl, die in der Praxis häufig gebraucht wird, um den Erfolg einer Handelsvertretung messen zu können, ist die Umsatzrendite. Sie wird wie folgt errechnet:

$$\frac{\text{Gewinn}}{\text{Umsatz}} \times 100 = \text{Umsatzrendite}$$

In einer Handelsvertretung kann der Gewinn sowohl mit dem vermittelten Warenumsatz als auch mit Provisionseinnahmen (= Provisionsumsatz) ins Verhältnis gesetzt werden. Die Bemühungen um eine Verbesserung der Umsatzrendite können also sowohl bei der Erhöhung des Waren- oder Provisionsumsatzes als auch bei einer Verbesserung des Gewinns ansetzen. Somit kann das Augenmerk auf einen Umsatz mit relativ geringem Kosteneinsatz oder auf die Anhebung der Provisionssätze gerichtet werden.

### 6.2.1 Wie entwickeln sich die Leistungen in der Handelsvertretung?

Das Fundament einer Handelsvertretung wird durch die Kundenbeziehungen, die dadurch erzielten Verkaufsabschlüsse und die fließenden Warenumsätze gelegt. Ohne diese Umsätze gibt es keine Provisionseinnahmen, werden keine Kosten gedeckt und kein Gewinn erzielt. Daher sollte jeder Handelsvertreter die Umsatzentwicklung seines Betriebes planen und kontrollieren. Hierbei hilft folgende Rechenformel:

$$\frac{\text{vermittelter Warenumsatz des lfd. Jahres}}{\text{vermittelter Warenumsatz des Vorjahres}} \times 100 = \text{Umsatzentwicklung in \%}$$

Wichtig ist es auch zu wissen, wie viele Provisionseinnahmen die vertrieblichen Leistungen in Form des vermittelten Warenumsatzes gebracht haben. Auskunft hierüber gibt die folgende Kennzahl, die gleichzeitig den durchschnittlichen Provisionssatz der Handelsvertretung zeigt:

$$\frac{\text{Gesamtprovision}}{\text{vermittelter Warenumsatz}} \times 100 = \text{Rohertrag in \% } ( = \text{Ø Provisionssatz})$$

Die Entwicklung des vermittelten Warenumsatzes für die gesamte Handelsvertretung kann bei einem sehr breit gestreuten Sortiment zu wenig informativ sein. Daher ist es wohl zweckmäßiger, auch noch Kennzahlen über die Entwicklung einzelner Umsatzträger – Produkte oder Produktgruppen – zu ermitteln. So kann

## 6.2 Wichtige Kennzahlen der Handelsvertretung

beispielsweise ein durchaus respektables Umsatzplus der Handelsvertretung verdecken, dass einzelne Produktbereiche stark rückläufig sind oder einzelne Vertretungen nicht mehr so richtig laufen. Ein Umsatzminus bei einer Vertretung wird durch die Umsätze anderer Vertretungen kompensiert.

Die Umsatzentwicklung je Produkt, je Produktgruppe und jeder Vertretung sind daher betriebsnotwendige Kennzahlen, die ermittelt werden sollten:

$$\frac{\text{Produktgruppenumsatz lfd. Periode}}{\text{Produktgruppenumsatz Vorperiode}} \times 100 = \text{Entwicklung einer Produktgruppe in \%}$$

Ein weiterer wichtiger Maßstab, an dem der Erfolg einer Handelsvertretung gemessen werden sollte, sind Höhe und Entwicklung der Bruttoprovisionseinnahmen. Sie geben Hinweise darauf, wo die Stärken und Schwächen der Agentur liegen, ob Zu- oder Abnahmen den Erwartungen entsprechen oder ob man im Branchentrend liegt. Da hierin ein wichtiger Teil eines innerbetrieblichen Frühwarnsystems zu sehen ist, sollten die Entwicklungen der Bruttoprovisionseinnahmen monatlich oder quartalsweise ermittelt werden:

$$\frac{\text{Provisionseinnahmen lfd. Periode}}{\text{Provisionseinnahmen Vorperiode}} \times 100 = \text{Entw. der Prov.-Einnahmen in \%}$$

Für die Planung und die Beurteilung von Entwicklungen sollte man wissen, wie hoch der Anteil von Produktgruppen, Vertretungen und Kunden an den gesamten Provisionseinnahmen einer Handelsvertretung ist. Ob eine Produktgruppe an Bedeutung gewonnen oder verloren hat, zeigt ihr Anteil an den gesamten Provisionseinnahmen an Hand folgender Kennzahl:

$$\frac{\text{Provisionsseinsnahmen Produktgruppe}}{\text{Gesamte Provisionseinnahmen}} \times 100 = \text{Anteil Produktgruppe in \%}$$

Wenn eine größere Transparenz über das Gewicht einzelner Kunden oder Kundengruppen für Notwendig erachtet wird, kann folgende Formel angewandt werden. Am Ergebnis lässt sich leicht ablesen, wo die meist begrenzten Kapazitäten am wirkungsvollsten eingesetzt werden sollten.

$$\frac{\text{Provisionsseinsnahmen Kundengruppe}}{\text{Gesamte Provisionseinnahmen}} \times 100 = \text{Anteil Kundengruppe in \%}$$

Basis weiterer Analysen sollte auch folgende Kennziffer sein:

$$\frac{\text{Gesamte Provisionsseinsnahmen}}{\text{Zahl der Kunden}} = \text{Ø Provisionseinnahme pro Kunde}$$

Anhand dieser Größe erhält der Handelsvertreter Kenntnis darüber, wie ein getätigter Abschluss innerhalb des betreuten Kundenkreises einzuordnen ist: War der Kaufabschluss bei einem Kunden hoch? Lag der Erfolg unter oder über dem Durchschnitt? Auch Hinweise auf die Kundenstruktur lassen sich hier ablesen: Müssen weitaus mehr Kunden betreut werden, um Kosten der Handelsvertretung decken zu können, als in vergleichbaren Bezirken? Gibt es nur kleinere Kunden oder besteht eine gewisse Angst davor, die „großen Fische" zu besuchen?

### 6.2.2 Einnahmen bezogene Kennzahlen

Auch wenn es nicht bei jedem Kundenbesuch zu einem Kaufabschluss kommt, so ist es für den Handelsvertreter dennoch wichtig zu wissen, wie hoch die durchschnittlichen Provisionseinnahmen pro Besuch sind. Diese Information liefert folgende Kennzahl:

$$\frac{\text{Provisionsseinsnahmen}}{\text{Zahl der Besuche}} = \text{Provisionseinnahmen pro Besuch}$$

Auch bei dieser Kennzahl bietet es sich an, sie mit den Ergebnissen der Vorperiode (Quartal oder Vorjahr) zu vergleichen. Außerdem können Kundenklassen (A-, B-, C-Kunden) gebildet werden und für jede Klasse die Provisionseinnahmen pro Besuch ermittelt werden. Bei deutlichen Abweichungen stellen sich beispielsweise folgende Fragen:

- Werden zu viele Anläufe benötigt, um zu einem Abschluss zu gelangen?
- Werden die Besuche gründlich genug vorbereitet?
- Sind die Besuche so terminiert, dass der richtige Gesprächspartner angetroffen wird, der auch Zeit hat für die Angebote?
- Werden zu viele Kleinaufträge eingesammelt, die zu viel Energie binden?

Von nicht minderem Informationswert ist auch folgende Kennzahl:

$$\frac{\text{Provisionsseinsnahmen}}{\text{Zahl der Aufträge}} = \text{Provisionseinnahmen pro Auftrag}$$

Mit dieser Kennzahl erhält der Handelsvertreter die durchschnittlichen Provisionseinnahmen pro Auftrag. Auch hiermit können Zeitvergleiche oder Vergleiche bei Kunden und Kundenklassen vorgenommen werden. Bei entsprechenden

6.2 Wichtige Kennzahlen der Handelsvertretung

Abweichungen sind ebenfalls die Gründe zu hinterfragen. Zu den bei der vorangegangenen Kennzahl gestellten Fragen kämen noch hinzu:

- Wurden die Kunden an zu kleine Bestellgrößen gewöhnt?
- Werden die Kunden zu oft besucht?
- Stimmt das Vertretungssortiment der Handelsvertretung oder fehlt es an Synergien?

### 6.2.3 Wie entwickeln sich die Kosten?

Über den Gewinn einer Handelsvertretung entscheiden einerseits die Provisionseinnahmen und sonstigen Einnahmen und andererseits die Kosten. Da bei den Kosten fast jährlich mit Steigerungen zu rechnen ist, sind sie besonders kritisch unter die Lupe zu nehmen. Möglichkeiten zur Verringerung der Kosten sind daher echte Gewinnbringer.

Der erste Schritt zur Kostenbeeinflussung ist die laufende und lückenlose Kontrolle z. B. durch folgende Kennzahl:

$$\frac{\text{Gesamtkosten des Berichtsjahres}}{\text{Gesamtkosten des Vorjahres}} \times 100 = \text{Entwicklung der Gesamtkosten in \%}$$

Der periodische Kostenvergleich ist zwar wichtig, sagt aber noch nicht viel darüber aus, ob die betrieblichen Aufwendungen in vertretbarem Rahmen liegen oder nicht. Daher erhält der Handelsvertreter eine interessante Information über die Entwicklung seines Betriebes, wenn er die Kosten zu den betrieblichen Leistungen in Beziehung setzt. Eine Rechenformel hierfür lautet:

$$\frac{\text{Gesamtkosten pro Jahr}}{\text{Prov. Einnahmen pro Jahr}} \times 100 = \text{Kosten in \% der Prov. Einnahmen pro Jahr}$$

Oder:

$$\frac{\text{Gesamtkosten pro Jahr}}{\text{Gesamteinnahmen pro Jahr}} \times 100 = \text{Kosten in \% der Ges.-Einnahmen pro Jahr}$$

Sollten in einer Handelsvertretung mehrere Mitarbeiter im Außendienst tätig sein, so können auch die Gesamtkosten oder die reinen Außendienstkosten in Bezug zu den Einnahmen (Provisionseinnahmen oder Gesamteinnahmen) eine weitere wichtige Kennzahl sein. Man ermittelt sie durch die Formel:

$$\frac{\text{Gesamtkosten}}{\text{Zahl der beschäftigten Personen}} = \text{Gesamtkosten pro beschäftigte Person}$$

Auch können die in einer Handelsvertretung vorhandenen größeren Kostenblöcke (Kostenarten wie beispielsweise Personalkosten, Reisekosten, Lagerkosten) zu den Gesamt- oder Provisionseinnahmen in Beziehung gesetzt werden. Auch aus diesen Daten können wichtige Erkenntnisse gezogen werden.

### 6.2.4 Was kostet ein Kundenbesuch?

Den Ermittlungen der Kosten für einen Kundenbesuch kommt in einer Handelsvertretung eine besondere Bedeutung zu. Diese Kennziffer zeigt, welche finanziellen Mittel aufgewendet werden müssen, um einen Auftrag zu erhalten. Werden die Kosten eines Kundenbesuches ins Verhältnis zu den durch den Auftrag erzielten Provisionseinnahmen gesetzt, kann auch der Wert eines Kunden ermittelt werden. Ferner kann diese Kennziffer dazu helfen, die Besuchshäufigkeit festzulegen. Nachstehende Beispielrechnung zeigt, wie die Kennziffer „Kosten pro Kunde" errechnet werden kann. Zugrunde gelegt werden Provisionseinnahmen einer Handelsvertretung in Höhe von 175.000 € und Gesamtkosten einer Agentur in Höhe von 165.000 €. Daraus ergeben sich die in Tab. 6.1 dargestellten Werte.

Bei diesem Beispiel ist zu beachten, dass es sich um eine Vollkostenberechnung handelt, d. h. dass alle Kosten einer Handelsvertretung einschließlich des kalkulatorischen Unternehmerlohnes für die Arbeitsleistung des Handelsvertreters einbezogen sind. Nicht berücksichtigt ist ein Gewinnzuschlag, der jedoch bei einer individuellen Berechnung unbedingt hinzugerechnet werden muss.

Mithilfe dieser Daten kann auch die Kundenrentabilität ermittelt werden. Diese Kennziffer nimmt, vor allem angesichts der Forderung der Kunden nach zusätzlichen, meist ohne Kostenerstattung durchzuführenden Leistungen, eine immer größere Bedeutung ein. Dabei gilt es, zunächst alle Kosten zu erfassen, die sich auf einen Kunden beziehen. Diese Kosten sind dann den Einnahmen, die die Handelsvertretung für ihre Vermittlungstätigkeit (meistens Provisionseinnahmen)

**Tab. 6.1** Beispiel für die Kosten eines Kundenbesuches

| Zur Verfügung stehende Arbeitstage pro Jahr | Kosten pro Arbeitstag (€) | Kosten pro Kundenbesuch bei 3 Besuchen pro Tag (€) | Kosten pro Kundenbesuch bei 5 Besuchen pro Tag (€) |
|---|---|---|---|
| 240 | 687,50 | 229,17 | 137,50 |
| 220 | 750,00 | 250,00 | 150,00 |
| 200 | 825,00 | 275,00 | 165,00 |

und für eventuelle besondere Serviceleistungen erhält, gegenüber zu stellen. Die Kundenrentabilität aus der Sicht einer Handelsvertretung ergibt sich somit aus der Formel:

$$\frac{\text{Kundenbezogene Kosten}}{\text{Kundenbezogene Einnahmen}} \times 100 = \text{Kundenrentabilität}$$

Ermittelt werden können auch die Kosten pro Kundenbesuch für ein vertretenes Unternehmen. Diese Kostenaufstellung ist möglich, wenn man den Zeitaufwand, der bei einem Kundengespräch für den Verkauf der Produkte einer bestimmten Vertretung anfällt, exakt oder möglichst annäherungsweise festhält. Nimmt beispielsweise eine Vertretung 30 % der Arbeitszeit in Anspruch, so kostet ein Kundenbesuch für eben diese Vertretung – angelehnt an die Beispielrechnung – 250 € (= 30 % von 750 €).

## 6.2.5 Was kostet der Kundenbesuch eines Außendienstmitarbeiters?

Wenn ein Handelsvertreter in seiner Agentur Mitarbeiter beschäftigt, dann ist es für ihn auch wichtig zu wissen, wie hoch die Kosten für einen Kundenbesuch dieser Außendienstler sind. Auf der Grundlage dieser Informationen kann die Rentabilität jedes Mitarbeiters ermittelt werden; ferner dienen sie der Besuchs- und Tourenplanung. Eine Beispielrechnung wird beim Baustein 5 (Abschn. 5.3) gezeigt.

Nehmen wir nun an, dass ein Handelsvertreter nur drei Firmen vertritt, ihr Außendienstmitarbeiter zu einem Kunden fährt und dort ein Verkaufsgespräch führt, in dem über die Produkte aller Firmen verhandelt wird. Dann sieht dies an einem Beispiel kostenmäßig wie in Tab. 5.6 und Abb. 5.1 aus.

## 6.3 Kennzahlen für die Personalführung

Der Erfolg einer Handelsvertretung beruht vornehmlich auf der persönlichen Leistung des Firmeninhabers und – wenn vorhanden – ihrer Mitarbeiter. Daher zählt die Leistungskontrolle des Personals zu den wesentlichen Führungsaufgaben des Handelsvertreters. Der Leistungsstand lässt sich sehr deutlich an den personalbezogenen Kennzahlen erkennen. Sie sind wichtig für die Beurteilung, in welchem Ausmaß die personellen Kapazitäten der Handelsvertretung ausgenutzt werden. Als globale Größe dient die Kennzahl „Gesamteinnahmen pro beschäftigte Person". Sie wird wie folgt errechnet:

$$\frac{\text{Gesamteinnahmen}}{\text{Zahl der Beschäftigten}} = \text{Gesamteinnahmen pro beschäftigte Person}$$

Unter den „Gesamteinnahmen" sind die Provisionseinnahmen und zusätzlichen Einnahmen der Handelsvertretung, beispielsweise durch besondere Serviceleistungen, zu verstehen. Sollten nur Provisionseinnahmen generiert werden, so wird folgende Kennzahl ermittelt:

$$\frac{\text{Provisionseinnahmen}}{\text{Zahl der Beschäftigten}} = \text{Provisionseinnahmen pro beschäftigte Person}$$

Wenn in einer Handelsvertretung Mitarbeiter sowohl im Innendienst als auch im Außendienst beschäftigt sind, kann die Leistung der unmittelbar im Vertrieb tätigen Personen durch folgende Kennzahl gemessen werden:

$$\frac{\text{Provisionseinnahmen}}{\text{Zahl der im Außendienst beschäftigten Mitarbeiter}} = \text{Provisionseinnahmen pro Außendienstmitarbeiter}$$

Interessant ist vor allem auch der Vergleich der Einnahmeseite mit der Kostenseite jedes Außendienstmitarbeiters. Wie Tab. 6.2 beispielhaft zeigt, werden der vermittelte Warenumsatz, die Provisionseinnahmen und die Kosten für jeden Außendienstmitarbeiter gegenüber gestellt. Zusätzlich werden in Spalte 8 die Gesamtkosten durch die Provisionseinnahmen dividiert. Daraus ergibt sich eine Kennziffer, die Auskunft über das Verhältnis der Provisionseinnahmen zu den Gesamteinnahmen je Außendienstmitarbeiter gibt. Je mehr sich diese Ziffer der Größe 1 nähert, umso ungünstiger ist die Kostensituation im Verhältnis zu den Einnahmen. Ferner können bei den einzelnen Positionen auch Durchschnittswerte gebildet werden und die Abweichungen der einzelnen Außendienstmitarbeiter von diesen Durchschnittswerten ermittelt werden. Die Gründe für diese Abweichungen muss dann der Agenturinhaber erfragen.

Für die Führung einer Handelsvertretung ist es außerdem wichtig zu wissen, welchen Kundenbearbeitungs-Erfolg die Mitarbeiter im Außendienst haben. Denn was nützen Besuche am Tag, bei denen keine Aufträge erzielt werden? Um auch hier einen klaren Überblick zu bekommen, lässt sich eine Kennziffer bilden, die den Bearbeitungserfolg widerspiegelt:

$$\frac{\text{Besuche pro Tag}}{\text{Zahl der Aufträge}} = \text{Bearbeitungserfolg des Mitarbeiters}$$

## 6.3 Kennzahlen für die Personalführung

**Tab. 6.2** Beispiel Einnahmen-Kosten Vergleich der Außendienstmitarbeiter

| Außendienstmitarbeiter | Verm. Warenumsatz € | Provisions-Einnahmen in € | Personal-Kosten in € | Kfz-Kosten in € | Spesen in € | Gesamtkosten in € | Kosten/Einnahmen (Kennziffer) |
|---|---|---|---|---|---|---|---|
| A | 2.000.000 | 100.000 | 49.000 | 10.500 | 1200 | 60.700 | 0,61 |
| B | 1.500.000 | 60.000 | 45.000 | 10.500 | 1000 | 56.500 | 0,94 |
| Ø | 1.750.000 | 80.000 | 47.000 | 10.500 | 1100 | 58.600 | 0,73 |

Diese Kennzahl bringt zum Ausdruck, wie effizient der Außendienstmitarbeiter sein Verkaufspotenzial im Umgang mit seinen Kunden einsetzt. Liegt die Zahl bei 1 oder in ihrer Nähe, braucht sich der Handelsvertreter keine großen Gedanken zu machen. Anderenfalls müssen sich auch hier, wie bereits an anderer Stelle folgende Fragen gestellt werden:

- Sind die Besuche gründlich vorbereitet?
- Werden manche Gesprächspartner nicht angetroffen?
- Handelt es sich um Besuche bei Kunden oder häufig lediglich um „Interessenten", die sich nur informieren möchten?
- Stimmen die Besuchsrhythmen?
- Dienen die Besuche häufig der Reklamationsbearbeitung und weniger für Verkaufsgespräche?

Aber der Bearbeitungserfolg allein genügt nicht, auch die Auftragsintensität sollte bekannt sein. Denn was nützen viele Aufträge, wenn sie so niedrig sind, dass die Kosten, die anfallen, nicht gedeckt sind? Die Kennziffer hierfür errechnet sich wie folgt:

$$\frac{\text{Provisionseinnahmen}}{\text{Zahl der Aufträge}} = \text{Auftragsintensität}.$$

**Fazit**

Um die Lage und die Entwicklung eines Betriebes detailliert beurteilen zu können, wird auch in kleinen und mittleren Unternehmen immer mehr auf das Instrumentarium des modernen Managements zurückgegriffen. Hierzu gehören auch Kennzahlen und Kennzahlenvergleiche, die sich in der Praxis bestens bewähren. Auch in Handelsvertretungen sollten sie verstärkt eingesetzt werden, um den richtigen Kurs bestimmen zu können.

Bei der Behandlung der verschiedenen Kennzahlen wurde deutlich, dass nicht jede Ziffer den gleichen Aussagewert hat und von gleich großer Bedeutung ist. Meistens sind auch mehrere Kennzahlen zu bilden, um Sachverhalte und das Leistungsbild einer Handelsvertretung transparent zu machen. Für den Handelsvertreter gilt es folglich, diejenigen Kennzahlen zu errechnen, die für seine Zwecke am aussagekräftigsten sind. Dabei wird auch der Zeitaufwand für die Erhebung der Daten eine nicht unbedeutende Rolle spielen. Welche Zahlen also für die Steuerung und Kontrolle einer Handelsvertretung die hilfreichsten sind, muss jeder Handelsvertreter für sich selbst bestimmen. Jedes noch so kleine Frühwarnsystem leistet einen Beitrag zum Erfolg.

# Baustein 7: Scheiden tut meistens weh – Die Pflege der Geschäftsbeziehungen mit den vertretenen Unternehmen ist eine diffizile Aufgabe

▶ In Zeiten eines intensiven Verdrängungswettbewerbs sollten Brüche zwischen Geschäftspartnern unter allen Umständen vermieden werden und das Beziehungsmanagement eine größere Beachtung erfahren. Dieses Kapitel analysiert zunächst, warum es in der Zusammenarbeit zwischen Handelsvertretern und den Vertriebsleitern der zu vertretenen Industriebetriebe zu Konflikten, kritischen Situationen oder schließlich zur Trennung kommen kann. Außerdem wird deutlich gemacht, dass stabile Bindungen beiden Marktpartnern Vorteile bringen und Brüche zu finanziellen Verlusten und Aufwendungen für Aktivitäten zur Schadensbegrenzung führen. Ein weiterer Aspekt ist die Intensivierung der menschlichen Beziehung, die die geschäftliche unterstützt und zusammenhält.

Das Wirtschaftsgeschehen ist heute mehr denn je durch rasche Veränderungen geprägt. Was früher für eine längere Dauer Bestand hatte, wird inzwischen in einer viel kürzeren Zeit auf den Prüfstand gestellt und oft genug beendet. Meistens verspricht man sich von dem häufigeren Wechseln der Geschäftsbeziehungen größere Erfolge. Dies geschieht im gesamten Geschäftsfeld. So werden Lieferanten ausgetauscht, Werbeagenturen oder andere Dienstleister in schnellerer Folge neu verpflichtet. Aber auch Kunden, mit denen langjährige Geschäftsbeziehungen bestanden haben, gehen schnurstracks zur Konkurrenz, wenn sie mit Preisnachlässen oder anderen Annehmlichkeiten gelockt werden.

Bei den Handelsvertretungen stehen Fluktuationen in ihren Vertretungssortimenten schon immer auf der Tagesordnung. Die Gründe für das Ende einer Geschäftsbeziehung sind dabei unterschiedlich: So können sich beispielsweise Märkte verändern, Geschäftspartner neu orientieren oder auch auf der persönlichen Ebene die Verhältnisse in unterschiedliche Richtungen bewegen. Statistiken zufolge kommt jährlich bei jeder zweiten Handelsvertretung eine Geschäftsbeziehung neu hinzu und/oder wird eine beendet.

Zugänge und Abgänge bei den Vertretungen halten sich mit einem Viertel in etwa die Waage. Ob aber auch eine wertmäßige Kompensation stattfindet und der Verlust an Einnahmen aus den früheren Vertretungen durch neu hinzugewonnene ausgeglichen werden konnte, darf in vielen Fällen bezweifelt werden. Negative Effekte hat der Bruch von Geschäftsbeziehungen auf jeden Fall. Denn der Handelsvertreter hat je nachdem nicht nur finanzielle Verluste, sondern muss außerdem Zeit mit Aktivitäten zur Schadensbegrenzung und Konfliktbewältigung aufwenden. In Zeiten eines intensiven Verdrängungswettbewerbs sollten daher Brüche unter allen Umständen vermieden werden und das Beziehungsmanagement eine größere Beachtung erfahren.

Warum es in der Zusammenarbeit zwischen Handelsvertretern und den Vertriebsleitern der zu vertretenden Industriebetrieben zu Konflikten, kritischen Situationen oder schließlich zur Trennung kommt, wurde Mitte der 90er Jahre vom Institut für Wirtschafts- und Organisationspsychologie der Universität München im Auftrag des CDH-Forschungsverbandes untersucht (Nerdinger et al. 1990). Die herausgearbeiteten Fakten haben bis heute nichts an Aktualität verloren und sollten in dieser Publikation erneut ins Bewusstsein gerufen werden.

## 7.1 Ursachen für Konflikte zwischen Handelsvertretung und vertretenen Unternehmen

### 7.1.1 Mängel in der Arbeitsqualität

Verkaufsleiter sehen nach wie vor als wichtigen Grund für den Bruch einer Geschäftsbeziehung Mängel in der Arbeitsqualität ihrer Handelsvertreter, die u. a. durch mangelhafte Dienstleistungen und/oder Kundenbeschwerden zum Tragen kommen. Verkaufsleiter mutmaßen in diesem Zusammenhang generell, dass sich Handelsvertreter für „ihr" Unternehmen oder „ihr" Produkt zu wenig engagieren. Dabei wird jedoch oft verkannt, dass Handelsvertreter i. d. R. Mehrfirmenvertreter sind und nicht wie angestellte Reisende „geführt" werden können.

Während Reisende ausschließlich einem Unternehmen verpflichtet und demnach von diesem zu 100 % abhängig sind, splitten Handelsvertreter ihr individuelles Geschäftsrisiko, indem sie mehrere Unternehmen gleichzeitig vertreten. Demnach engagieren sich Handelsvertreter vornehmlich für diejenigen Firmen, durch die sich für ihre Handelsvertretung eine höchstmögliche Rendite erwirtschaften lässt. Dies wiederum ist oftmals von externen Faktoren wie Markt- und Kundenakzeptanz, Modeentwicklungen sowie struktureller Kaufkraft abhängig. Handelsvertreter repräsentieren Unternehmen und führen selbst ein Unternehmen, d. h. das Engagement von Handelsvertretern konzentriert sich vorrangig auf marktgängige Produkte. In diesem Sinne entscheidet der „Markt", inwieweit sich Handelsvertreter für ein bestimmtes Produkt bzw. eine bestimmte Firma engagieren.

### 7.1.2 Umsatzentwicklung als Bruchstelle

Ein weiterer wichtiger Grund für den Bruch einer Geschäftsbeziehung wird häufig in der Umsatzentwicklung gesehen. Verkaufsleiter beklagen in diesem Zusammenhang das mangelnde Engagement ihrer Handelsvertreter, während diese die Ursachen für stagnierende bzw. regressive Umsatzzahlen in der mangelhaften Unternehmenspolitik sehen oder auf Marktveränderungen zurückführen. Verkaufsleiter betonen hierbei oftmals „Kollegenvergleiche" oder legen ihrer „Messung" Umsatzstatistiken zugrunde, um die Leistung ihrer Handelsvertreter zu beurteilen. Eine solche „Skalierung" der Leistung birgt verständlicherweise Gefahren in sich: Der Handelsvertreter wird demotiviert.

### 7.1.3 Neid als Nährboden für Konflikte

Ein eher pikanter Aspekt in der Problematik der Zusammenarbeit ist die Frage des Neides. Einerseits versuchen Verkaufsleiter ihre Handelsvertreter dahin gehend zu steuern bzw. zu motivieren, dass diese für die jeweilige Firma immer mehr Umsatz erwirtschaften, andererseits scheint es oftmals zu Beziehungsproblemen zu kommen, wenn die Provisionen der Handelsvertreter aus diesen Geschäften das Einkommen ihrer Verkaufsleiter erreichen oder gar übertreffen. Häufig wird voreilig geurteilt, dass es sich um „leicht verdientes Geld" handelt. Da der Verkaufsleiter den Handelsvertreter im Unternehmen hierarchisch überragt, wird es in dem einen oder anderen Fall als ungerecht empfunden, dass einer „seiner Untergebenen" genauso viel oder gar mehr verdient als er. Dieser Umstand bildet einen „vorzüglichen Nährboden" dafür, Neidgefühle gegenüber dem Handelsvertreter zu provozieren. Wenn dann die Vertrauensbasis verloren geht, ist der Konflikt unaufhaltsam.

## 7.1.4 Mängel im persönlichen Verhalten

Als weiteres typisches Problem in der Beziehung zwischen Handelsvertreter und Verkaufsleiter sind Mängel im persönlichen Verhalten anzusehen, die aber auf beiden Seiten zu finden sind. Als emotionale Komponente ist hier ein Informations- bzw. Kommunikationsdefizit zu nennen. Für Verkaufsleiter und deren Unternehmen ist es essenziell sehr wichtig, Marktinformationen zu erhalten. Da der Handelsvertreter ausschließlich im Außendienst tätig ist, hat er permanenten Kundenkontakt. Dieser ermöglicht es ihm, Informationen darüber zu bekommen, wie gut oder schlecht sich bestimmte Produkte verkaufen und welches Image die von ihm vertretenen Firmen oder deren Produkte beim Kunden haben. Außerdem spürt er, ob sich z. B. durch Marktveränderungen oder Tendenzen im Käuferverhalten in absehbarer Zeit bestimmte Produkte gar nicht mehr verkaufen lassen, falls Innovationen ausbleiben.

Der Handelsvertreter als „Mann an der Front" verfügt über erheblich mehr wichtige Informationen als dessen Verkaufsleiter. In diesem Sinne sind Verkaufsleiter und auch die vertretenen Unternehmen informationsabhängig. Es liegt mehr oder weniger ausschließlich in der Macht des Handelsvertreters, „seinen" Verkaufsleiter an diesen Informationen teilhaben zu lassen. Tut er dies nicht, kommt es zwangsläufig zu Problemen.

Während Verkaufsleiter oftmals beklagen, dass sich Handelsvertreter der Kommunikation entziehen und nur ein mangelhaftes Informationsfeedback des Marktgeschehens geben, stoßen sich Handelsvertreter oftmals an dem „schulmeisternden", belehrenden, überheblichen oder gar fordernden Ton ihrer Verkaufsleiter. Handelsvertreter betonen in diesem Zusammenhang ihre rechtliche Selbstständigkeit, während Verkaufsleiter fordern, dass ihr Anspruch auf Einflussnahme erfüllt wird. Diese sind frustriert, wenn sie ihre Macht nicht durchsetzen können und den Handelsvertreter nicht in ihrem Sinne führen, steuern und kontrollieren können. Da Verkaufsleiter oftmals keinen Unterschied zwischen angestellten Reisenden und Handelsvertretern machen, determiniert die mangelnde „Unterwürfigkeit" von Handelsvertretern Konflikte, die in einigen Fällen einen Bruch unvermeidbar erscheinen lassen.

## 7.1.5 Unternehmenspolitik als Reibungspotenzial

Schließlich kommt es auch durch die Unternehmenspolitik der vertretenen Unternehmen zu Problemen in der Beziehung, die einen Bruch quasi vorprogrammieren. Beispiele hierfür sind Differenzen hinsichtlich der Preispolitik des vertretenen Unternehmens, der Art und Weise, wie Reklamationen behandelt werden, der Lieferfähigkeit oder der Fälle, in denen Geschäftsfelder der Handelsvertreter beschnitten werden.

Auf jeden Fall sind die „Tage des Handelsvertreters gezählt", wenn beispielsweise die jeweilige Unternehmensführung beschließt, ihren Außendienst von Handelsvertretern auf angestellte Reisende umzustrukturieren. Auf eine solche Entscheidung haben Handelsvertreter keinerlei Einfluss und können aus ihrer „ohnmächtigen Position" heraus nur auf die Kündigung warten, um ihren Anspruch auf Ausgleichszahlung aufrecht zu erhalten.

## 7.2 Stabile Bindungen bringen beiden Marktpartnern Vorteile

In einer Geschäftsbeziehung sind Konflikte nie vollends auszuschließen. Es geht vielmehr darum, Kompetenzen zur Bewältigung von Konflikten zu erwerben. Denn der Art und Weise, wie Konflikte bewältigt werden, kommt eine entscheidende Rolle in Geschäftsbeziehungen zu. Notwendig ist hier vor allem das rechtzeitige Erkennen eines Konfliktsignals, wobei eine Sensibilität für zwischenmenschliche Prozesse sehr hilfreich ist. Die praktische Konsequenz für Verkaufsleiter und Handelsvertreter lautet daher: Die Pflege der Beziehung ist eine wichtige und eigenständige Aufgabe. Sie erfordert von beiden Partnern eine hohe soziale Kompetenz, Einfühlungsvermögen und die Fähigkeit zur Kooperation.

Dass eine Zusammenarbeit über einen längeren Zeitraum sowohl vonseiten der Industrie als auch vonseiten der Handelsvertretungen gewünscht wird, hat gute Gründe. Kundenbeziehungen sind im Allgemeinen sehr sensibel. Veränderungen in der Betreuung wirken sich oft nachhaltig aus. Fest steht, dass beispielsweise Reisendestäbe von einer relativ hohen Personalfluktuation gekennzeichnet sind. Daher ist sehr häufig nur eine geringe intensive Kundenpflege möglich. Und ferner ist jedem Verkaufsleiter bewusst, dass ein häufiger Personalwechsel im Außendienst die Verkaufskosten deutlich erhöht und gleichzeitig die Außendienstleistung vermindert. Es ist daher davon auszugehen, dass bei den Verkaufsleitern aus geschäftlichen Motiven heraus der Wille zu einer langfristigen Zusammenarbeit mit einer Handelsvertretung vorherrscht. Von daher sollten sie auch bereit sein, bei krisenhaften Entwicklungen die Handelsvertreter zu unterstützen und nicht gleich die Zusammenarbeit aufzukündigen.

Die besondere Vertrauensstellung, die der Handelsvertreter beim Kunden hat, bringt ihn in eine nicht zu unterschätzende Position. Für den Verkaufsleiter ist ein Bruch der Geschäftsbeziehung in der Regel unangenehm. Denn ein neuer, zuverlässiger Handelsvertreter muss erst wieder gefunden und eingearbeitet werden, was mit einem nicht unerheblichen Aufwand verbunden ist. Ein Wechsel des Vertriebspartners kann meistens auch die Kunden verunsichern. Schließlich kann ein erfolgreicher Handelsvertreter auch Kunden in eine neue Verbindung „mitnehmen".

Erfolgreiche Partnerschaften, die auf Dauer angelegt sind, entwickeln sich nicht von alleine. Beide Partner müssen etwas dazu tun, damit sich die Beziehung nicht allzu früh abnutzt und möglicherweise zerbricht. Handelsvertreter werden daher ihre Aufmerksamkeit immer mehr auf die permanente und systematische Pflege der Beziehungen zu ihren vertretenen Unternehmen richten müssen. Die Zusammenarbeit auf die rein geschäftliche Ebene abzustellen, reicht nicht mehr aus. Denn Geschäftsbeziehungen sind gerade im Dienstleistungsbereich immer auch menschliche Beziehungen. Gefühle sollten nicht aus dem Geschäftsalltag ausgeklammert werden. „Die menschliche Beziehung ist der Kitt, der die geschäftliche unterstützt und zusammenhält."

## Quellen

Nerdinger, F. W., Rosenstiel, L. von, Sigl, E., & Spieß, E. (1990). *Handelsvertreter und Verkaufsleiter. Konflikt und Konfliktbewältigung in einer Dienstleistungsbeziehung.* Stuttgart: Schäffer-Poeschel.

# Baustein 8: Kurs Kunde – Warum sich Handelsvertretungen mit Marketing beschäftigen müssen

▶ Um als Handelsvertreter im Wettbewerb bestehen zu können und als kompetenter Marktpartner der Absatz- und Beschaffungsseite angesehen zu werden, ist eine Grundvoraussetzung, sich selbst als Unternehmer zu verstehen und vor allen Dingen auch als solcher am Markt zu agieren. Erfolgreich werden zukünftig die Handelsvertretungen sein, die sich für ihren Markt als kompetent erweisen und diese Kompetenz immer wieder unter Beweis stellen. Sie müssen ihrem Markt aktiv begegnen.
Daher muss das Thema „Marketing", das in diesem Kapitel behandelt wird, für jeden Handelsvertreter von besonderem Interesse sein. Deutlich gemacht werden die zweiseitige Ausrichtung des Marketings einer Handelsvertretung ebenso wie die Grundelemente einer marktorientierten Unternehmenspolitik. Herausgestellt werden außerdem sowohl die marketingpolitischen Aktivitäten der vertretenen Unternehmen als auch die eigenen Maßnahmen der Handelsvertretungen.

Industriebetriebe machen Marketing, der Handel macht Marketing. Ist es daher überhaupt sinnvoll, dass sich auch noch die Handelsvertretungen mit Marketing beschäftigen und Marketingmaßnahmen in eigener Sache durchführen? Sind sie nicht der verlängerte Arm der Unternehmen, die sie vertreten, und in deren Marketingkonzept eingebunden?

Die Beantwortung dieser Fragen ist relativ einfach: Das Thema „Marketing" muss auch für eine Handelsvertretung von besonderem Interesse sein. Denn wenn ein Handelsvertreter mit einem selbstständigen Geschäftsbetrieb – und sollte er noch so klein sein – im Markt tätig sein und sich erfolgreich durchsetzen will, kommt er ohne eine Ausrichtung an den Bedürfnissen seiner Marktpartner nicht aus. Marketing entscheidet immer mehr.

**Marketing – eine unternehmerische Aufgabe**
Man stelle sich vor: Ein Betrieb fertigt ein gutes Produkt oder bietet perfekte Dienstleistungen an. Aber es finden sich keine Kunden, und kaum jemand interessiert sich dafür. Ein Scheitern im Markt ist somit vorprogrammiert. Das hier skizzierte Bild – eine Horrorvorstellung eines jeden Unternehmers – wird möglicherweise als etwas überzeichnet empfunden. Aber die Praxis zeigt, dass es leider oft genug sehr nahe an der Wirklichkeit liegt. Denn Fehler bei der Vermarktung sind an der Tagesordnung. Das gilt nicht nur für den Verkauf von Produkten und Dienstleistungen, sondern auch für den Marktauftritt ganzer Unternehmen; das gilt für Kleinbetriebe und Konzerne, genauso wie für Existenzgründer und etablierte Marktteilnehmer. Dabei ist Marketing heute für jedes Unternehmen ein Muss. Wer dauerhaft und erfolgreich im Markt bestehen will, für den sind marktorientiertes Beobachten, Planen und Handeln wichtige Voraussetzungen.

Um als Handelsvertreter im Wettbewerb bestehen zu können und als kompetenter Marktpartner der Absatz- und Beschaffungsseite angesehen zu werden, sind einige Grundvoraussetzungen zu erfüllen. Erfolgreich werden zukünftig die Handelsvertreter sein,

- die sich selbst als Unternehmer verstehen und vor allen Dingen auch als solche am Markt agieren,
- die sich für ihren Markt als kompetent erweisen, diese Kompetenz immer wieder unter Beweis stellen und ihrem Markt aktiv begegnen,
- die sich und ihre Leistungen offen darstellen und durch ein solches Auftreten dokumentieren: So bin ich, so handle ich, das biete ich an. Wer sich duckt und schweigt, verliert rasch Ansehen und Kompetenz.

Was bedeutet nun eigentlich „Marketing"? Die Antwort ist nicht ganz einfach, da es eine Fülle von begrifflichen Umschreibungen und auch Interpretationen gibt. In der Hauptsache sind es jedoch zwei Blickrichtungen, die auch nicht konträr gegeneinander stehen, sondern inhaltlich eng miteinander verknüpft sind:

▶ In einer engeren Sicht handelt es sich beim Marketing um die Planung, Gestaltung und Kontrolle der absatzpolitischen Instrumente einer Unternehmung, gleich welcher Art sie auch ist.

## 8 Baustein 8: Kurs Kunde ...

▶ In einer erweiterten Form wird Marketing als eine marktorientierte Unternehmenspolitik aufgefasst, wobei es insbesondere darum geht, die Erfordernisse des Absatzmarktes ausdrücklich und systematisch in allen Bereichen zu berücksichtigen.

Es ist noch nicht allzu lange her, als das Produkt oder die Dienstleistung im Mittelpunkt des Marktgeschehens standen. Auch heute noch gibt es Wirtschaftssektoren und auch Firmen, bei denen dies immer noch der Fall ist. Durch die Entwicklung der meisten Märkte zu sog. Käufermärkten verschob sich der Schwerpunkt weg vom Produkt und hin zu den Kunden und seinen Bedürfnissen. Typisch für die Existenz eines Käufermarktes ist die Möglichkeit der Kunden, bei ihren Kaufentscheidungen beliebig zwischen verschiedenen Anbietern und aus einer großen Menge von Angeboten wählen zu können. Die meisten Märkte in den westlichen Industrieländern – insbesondere bei den Konsumgütern, aber auch bei den Investitionsgütern – sind durch dieses Phänomen geprägt.

Bei den heutigen Marktverhältnissen, in denen das Angebot größer als die Nachfrage ist, genügt es nicht, wenn die Konstruktionsabteilung eines Herstellerbetriebes irgendein Produkt entwickelt, wenn der Produktionsbereich es möglichst kostengünstig herstellt und wenn die Verkaufs- und Vertriebsabteilung mit hohem Werbeaufwand und großen Verkaufsanstrengungen versucht, es an den Mann oder an die Frau zu bringen. Entsprechen die Produkte nicht den Wünschen ihrer möglichen Kunden, so lassen sie sich weder in genügender Menge noch zu kostendeckenden Preisen absetzen.

Wenn also der Markt oder die einzelnen Kunden über Erfolg oder Misserfolg bestimmen können, dann stellt sich zwangsläufig die Forderung, auch alle Denk- und Entscheidungsprozesse und alle Aktivitäten eines Unternehmens systematisch und planmäßig auf die Bedürfnisse der Abnehmer und die Möglichkeiten der Märkte auszurichten. Und nichts anderes ist Marketing.

Die bisherigen Ausführungen machen deutlich, dass die Marktbearbeitung sich nicht allein auf die Marketingabteilung eines Unternehmens beschränkt. Oder anders ausgedrückt: Ausgeräumt werden muss der immer noch häufig zu hörende Irrtum, dass Marketing nur gemacht werden kann, wenn eine Marketingabteilung existiert. Marktbezogenes Denken und Handeln ist notwendig für jeden Marktteilnehmer – ob Produzent oder Handelsvertretung – und genauso notwendig für jede Person in einem Unternehmen.

## 8.1 Die zweiseitige Ausrichtung des Marketings einer Handelsvertretung

Die Handelsvertretung besitzt bekanntlich eine Vermittlerposition, der strategisch eine besondere Bedeutung zukommt. Beide Marktpartner der Handelsvertretung – die vertretenen Unternehmen und die Abnehmer – sind ihre Kunden. Von den vertretenen Unternehmen erhält die Handelsvertretung den Vertretungsauftrag, von den Abnehmern den Auftrag zur Lieferung der Produkte. Beides zusammen bildet die Grundlage für die Einnahmen. Zudem beschränkt sich die Vermittlung nicht nur auf Güter, sondern schließt auch die Vermittlung von Dienstleistungen, Informationen und Interessen für beide Seiten mit ein. Der Handelsvertretung kommt immer mehr die Rolle des „Problemlösers" sowohl für die vertretenen Unternehmen als auch für die Abnehmer gleichermaßen zu.

Diese Zweiseitigkeit der Tätigkeit einer Handelsvertretung erfordert eine Konzeption, die die unterschiedlichen Forderungen, Bedürfnisse und Erwartungen beider Seiten berücksichtigt. Bezogen auf das Marketing bedeutet dies, dass sowohl gegenüber den vertretenen Unternehmen als auch gegenüber den Abnehmern jeweils eine gesonderte Marketingkonzeption vorliegen muss.

Dieses Konzept des „Dualen Marketings von Handelsvertretungen" bedeutet, dass die Handelsvertretung sowohl den vertretenen Unternehmen (Anbietern) als auch den Abnehmern ihre Dienstleistungen anbietet. Somit muss die Handelsvertretung sowohl die Anbieter als auch die Abnehmer als ihre Kunden sehen. In der Praxis wird noch allzu häufig nur der Abnehmer der Produkte als Kunde betrachtet.

Bei dem dualen Konzept (vgl. Abb. 8.1) ist weniger an zwei isolierte Dienstleistungsbündel gegenüber der Anbieter- und Abnehmerseite gedacht. Vielmehr gilt es, eine Konzeption aufzubauen, die sich ergänzt.

Ist der Handelsvertreter als Absatzmittler tätig, so setzt er als „Vollstrecker" das Marketing der von ihm vertretenen Unternehmen bei den Abnehmern um. Darüber hinaus hat die Handelsvertretung als Dienstleistungsunternehmen ein eigenes Marketing zu betreiben.

Wie die Praxis zeigt, beschränken sich die Marketingaktivitäten einer Handelsvertretung weitgehend auf die Abnehmerseite. Dies reicht jedoch in Zukunft nicht aus. An Bedeutung gewinnt vor allem die Profilierung gegenüber Mitbewerbern, das heißt gegenüber anderen Vertriebsformen und auch anderen Handelsvertretungen. Das eigene Leistungsangebot muss den aktuellen und potenziellen Vertragspartnern als geschlossenes Dienstleistungspaket transparent gemacht werden. Als Beispiele für Marketingaktivitäten gegenüber den Abnehmern lassen sich anführen:

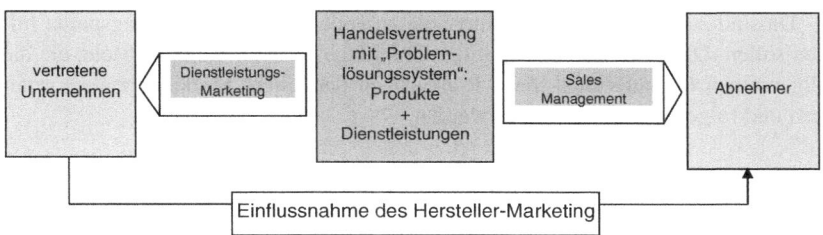

**Abb. 8.1** Duales Marketing

- Detaillierte Verkaufsplanungen mit eingehender Vorbereitung auf Gesprächspartner und Gesprächsinhalt erzielen eine positive Imagewirkung.
- Ein wichtiges Profilierungsinstrument neben den Produkten ist die Informations- und Beratungstätigkeit.
- Durch den Aufbau logistischer Systeme (Vertriebslager, Einsatz von Spediteuren) werden Lieferzeiten verkürzt und wird somit den Kunden ein hohes Niveau der Lieferbereitschaft geboten.

Beispiele für Maßnahmen im Rahmen des Dienstleistungsmarketing gegenüber den vertretenen Unternehmen wären:

- Profilierung als Key-Account-Manager
- Anbieten eines Vertriebskonzepts für den Bezirk
- Unterbreitung eines Systemangebots
- Vorschläge zur Reduzierung der Vertriebskosten

Auf diese Aktivitäten und Maßnahmen wird im Rahmen der marketingpolitischen Instrumente noch näher eingegangen werden.

## 8.2 Grundelemente des Marketings

Marketing als marktorientierte Unternehmenspolitik, als Grundhaltung jeglicher Betätigung im Markt oder als Führungsaufgabe ist durch entsprechende Maßnahmen mit Leben zu füllen und in eine aktive Marktbearbeitung umzusetzen. Dafür ist es notwendig, die Grundelemente des Marketings zu kennen.

Da sind zum einen die Marketingziele zu nennen, die den Ausgangspunkt bilden sollen. Dies bedeutet, dass auf der Grundlage der Unternehmensziele, die die allgemeinen Orientierungs- bzw. Richtgrößen darstellen, Marketingziele formuliert und folgende Fragen gestellt werden:

- Was möchten wir erreichen?
- Was steuern wir an?
- Wie müssen wir uns weiterentwickeln?
- Wie können wir unsere Existenz sichern?
- Wo müssen wir unseren Marktauftritt verbessern?

Bei der Formulierung von Marketingzielen gibt es eine Fülle von Anknüpfungspunkten. Beispiele hierfür sind das Besetzen völlig neuer Geschäftsfelder, das Finden neuer Problemlösungen, das Verbessern von bestehenden Lösungen bis hin zu Zielen im Bereich der Produktpolitik, der Distributionspolitik usw. Marketingziele einer Handelsvertretung können beispielsweise sein:

- Erschließen neuer Teilmärkte
- Gewinnen neuer Absatzgebiete
- Ausweitung des Provisionsumsatzes mit bestimmten Vertretungen
- Erhöhung des Provisionsumsatzes bei neuen Produkten (die beispielsweise in den letzten drei Jahren übernommen worden sind)
- Erhöhung des Bekanntheitsgrades
- Ausbau des Kundendiensts
- Ergänzung des Vertretungsprogramms um Spezialitäten
- Verringerung von Reklamationen

Eine Handelsvertretung kann nicht in allen Märkten tätig sein. Die zu vertreibenden Produkte und die notwendige Kompetenz legen die bearbeitbaren Märkte fest. Neue Märkte erfordern evtl. andere Produkte und zusätzliche Kompetenz. Mit der Entscheidung für die zu vertretenden Produkte hat man sich bereits für einen oder auch mehrere Teilmärkte entschieden. Zur gezielten und damit auch erfolgreichen Marktbearbeitung muss dieser Teilmarkt – für die Handelsvertretung der Markt schlechthin – genau analysiert und in bestimmte Kriterien zerlegt werden. Es gilt, genau zu überlegen, mit welchen Produkten welche Kunden angesprochen werden sollen.

Ein weiteres Grundelement des Marketings sind die Mittel und Wege, die gefunden werden müssen, mit denen die gesetzten Ziele erreicht werden können.

## 8.2 Grundelemente des Marketings

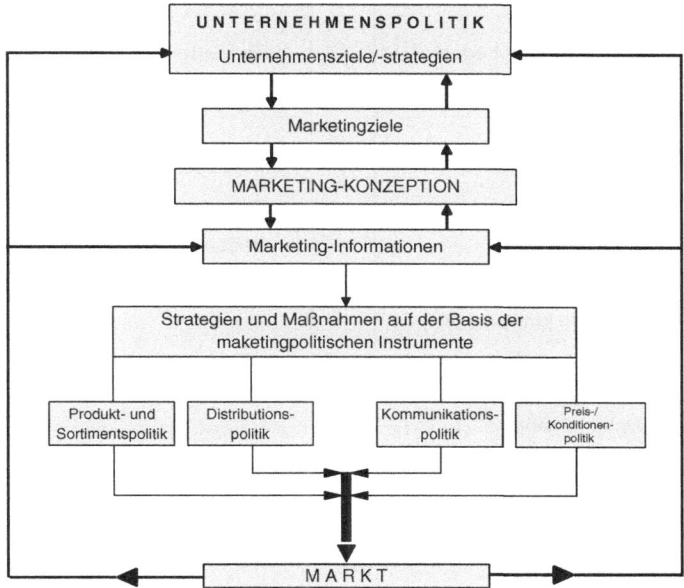

**Abb. 8.2** Grundelemente des Marketings

Basis für diese Strategien und Maßnahmen sind die marketingpolitischen Instrumente. Sie heißen:

- Produkt- und Sortimentspolitik (Welche Leistungen werden angeboten?)
- Preis-/Konditionenpolitik (Zu welchen Bedingungen werden die Leistungen angeboten?)
- Distributionspolitik (An wen und auf welchen Wegen werden die Produkte verkauft?)
- Kommunikationspolitik (Welche Informationen und Beeinflussungsmaßnahmen werden ergriffen, um die Leistungen abzusetzen?)

Je nach individueller Zielsetzung können diese vier Instrumente gestaltet, gewichtet und aufeinander abgestimmt werden – dann spricht man vom Marketingmix.

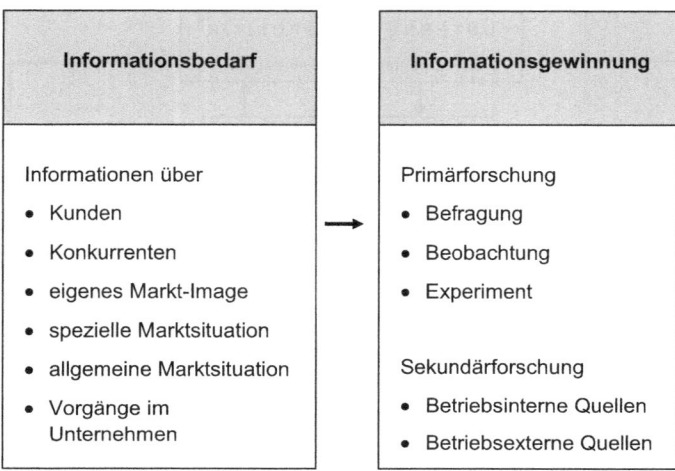

**Abb. 8.3** Marketing-Informationssystem

Um die Marketingziele setzen zu können und um das Instrumentarium des Marketings sinnvoll einsetzen zu können, werden Informationen benötigt. Sie bilden somit ein weiteres Grundelement des Marketings. Informationen werden benötigt über alle Bereiche des Marktes und des Unternehmens selbst. Abb. 8.2 verdeutlicht diesen komplexen Sachverhalt in seinem ganzheitlichen Zusammenhang innerhalb des Unternehmens. In diesem Sinne stellt Marketing also mehr als die betriebliche Funktion Absatz/Vertrieb dar. Marketing darf in einem Unternehmen nicht isoliert stehen, sondern muss in die Unternehmenspolitik integriert sein und sie gleichzeitig bestimmen.

**Marketinginformationen**
Für die zielgerechte Bearbeitung des Marktes werden Marktinformationen und somit ein Marketing-Informationssystem benötigt (vgl. Abb. 8.3). Seine Aufgabe ist im Wesentlichen das Ermitteln des Informationsbedarfs sowie das systematische Sammeln, Aufbereiten und Interpretieren von Informationen als Basis für die Marketingentscheidungen. Mit seiner Hilfe wird beispielsweise auch die Wirkung der Marketinginstrumente analysiert, ebenso werden die innerbetrieblichen, marketingrelevanten Sachverhalte, wie z. B. Vertriebskosten, Lagerhaltung, Kapazitäten, erforscht.

Die weitläufig artikulierte Forderung nach der konsequenten Anwendung einer absatzorientierten Unternehmensführung rückt die besondere Bedeutung der Informationsversorgung ins Blickfeld. Wegen der Tragweite absatzpolitischer Entscheidungen für das gesamte Unternehmen ist ein fundierter Informationsstand bei den Entscheidungsträgern notwendig. Das gilt vor allem für kleine und mittlere Betriebe. Denn weitaus eher als bei den in Konkurrenz stehenden Großbetrieben können Fehlentscheidungen, die aufgrund einer mangelhaften Informiertheit der Führungspersonen getroffen werden, zur Existenzbedrohung oder gar zur Verdrängung aus dem Markt führen. Denn die finanziellen Reserven lassen kaum kostspielige Marktexperimente zu.

## 8.3 Die marketingpolitischen Instrumente

Welche Möglichkeiten hat nun ein Unternehmen, auf den Markt einzuwirken, um seine Ziele zu erreichen? Im Einzelnen stehen ihm dazu vier Maßnahmenbündel zur Verfügung, aus denen sich strategische (langfristige) und operative (kurzfristige) Aktionen ableiten lassen.

### 8.3.1 Produkt- und Sortimentspolitik

Es steht außer Zweifel, dass der Markterfolg eines Unternehmens entscheidend von der Attraktivität der angebotenen Produkte abhängt. Zumindest auf längere Sicht werden nur diejenigen Betriebe am Markt überleben können, denen es gelingt, ihr Produktangebot kontinuierlich und systematisch auf die Wünsche ihrer Kunden auszurichten. Die Produktpolitik ist daher ein sehr wichtiges marketingpolitisches Instrument und wird sogar als das „Herz des modernen Marketings" bezeichnet.

Die Verbesserung vorhandener Produkte und die Entwicklung neuer leisten einen hohen Beitrag zum Wachstum und zur Sicherung von Unternehmen. So entfällt ein großer Teil des Umsatzes vieler Unternehmen heute auf Erzeugnisse, die es vor wenigen Jahren noch nicht gegeben hat. Außerdem sichern sie sich für einen gewissen Zeitraum einen Vorsprung vor den Konkurrenten.

Entscheidungen über Produkte müssen daher am Anfang aller Überlegungen über die Marketingstrategie stehen. Mit den Möglichkeiten, die die Produkt- und Sortimentspolitik bietet, schafft sich ein Unternehmen die Basis für den Einsatz der anderen drei Marketinginstrumente: die Preis-/Konditionenpolitik, die

Distributionspolitik sowie die Kommunikationspolitik. Gleichzeitig muss sich die Produkt- und Sortimentspolitik aber auch an den Zielsetzungen und Möglichkeiten dieser anderen Instrumente orientieren.

Die Produktpolitik beschäftigt sich mit allen Überlegungen und Maßnahmen, die sich auf einzelne Produkte bzw. Leistungen beziehen. Die Programm- bzw. Sortimentspolitik bezieht sich im Gegensatz zur Produktpolitik nicht auf das einzelne Produkt, sondern auf die Zusammenstellung verschiedener Produkte zu einer in den Augen der Kunden attraktiven Produktpalette. Im Bereich der Industrie spricht man von Programm (Produktionsprogramm), beim Handel dagegen von Sortiment (Handelssortiment). Für die Handelsvertretung ist die optimale Zusammenstellung des Vertretungssortimentes die Basis ihres Erfolges.

**Produktpolitische Entscheidungen**
Aufgrund der Veränderungen im Markt sind die Unternehmen ständig gezwungen, ihre Produkte zu analysieren und gegebenenfalls Veränderungen einzuleiten. Die Handelsvertretungen haben zwar keinen direkten Einfluss auf die Gestaltung und Zusammensetzung der anzubietenden Produkte, sie können jedoch ihren Marktpartnern – den vertretenen Unternehmen – wesentliche Informationsgrundlagen bieten. Denn sie besitzen den direkten Kontakt zu den Kunden vor Ort und wissen, welche Akzeptanz die Produkte finden bzw. wo Probleme liegen.

Die Produktpolitik ist ein Bereich, in dem Kreativität, Intuition und Information besondere Bedeutung erlangen. Auch hier muss analytisch vorgegangen werden, wie es bereits im Rahmen der Marketingforschung beschrieben wurde. Dazu werden Kenntnisse über die verschieden Produktstrategien benötigt.

Welche Möglichkeiten sind nun einem Unternehmen im Rahmen der Produktpolitik gegeben? Grundsätzlich kann ein Unternehmen

- ein neues Produkt schaffen und im Markt einführen (Produktinnovation),
- ein bestehendes Produkt verändern (Produktvariation),
- ein bestehendes Produkt aus dem Markt nehmen (Produktelimination),
- ein neues Produkt für einen neuen Markt schaffen (Diversifikation).

**Neuentwicklung von Produkten – Produktinnovation** Die grundlegende produktpolitische Aktivität ist die Entwicklung neuer und zugleich erfolgreicher Produkte. Ihre Bedeutung ist besonders dann groß, wenn die Märkte zunehmend Sättigungserscheinungen zeigen und die Wettbewerbsverhältnisse schärfer

## 8.3 Die marketingpolitischen Instrumente

werden. Denn durch neue Produkte hat ein Unternehmen die Möglichkeit, sich Freiräume zu schaffen und sich von den Konkurrenten abzuheben.

Heute ist Umsatz- bzw. Gewinnzuwachs mehr und mehr nur mit neuen Produkten zu erreichen. Eine Produktinnovation ist jedoch keine Garantie für den Unternehmenserfolg, da sie meistens mit hohen Aufwendungen verbunden ist. Außerdem bringt nicht jede Neuentwicklung den erwünschten Markterfolg. Oft genug wird das neue Produkt vom Markt nicht akzeptiert, vor allem dann, wenn die Konkurrenz besser und schneller war oder der Preis einfach zu hoch ist.

Man schätzt, dass sich über zwei Drittel aller Ausgaben für neue Produkte nicht rentieren und von allen ernstlich erwogenen Produktideen weniger als 2 % erfolgreich werden. Dennoch ist die Zahl der Neuprodukte sehr hoch. Im deutschen Lebensmittelhandel beispielsweise sind es jährlich über 1000 neue Produkte, die Eingang in die Regale finden. Dies zeigt den hohen Druck, unter dem die Unternehmen bei der Produktpolitik stehen, um ihre Marktposition zu sichern.

Grundsätzlich lassen sich verschiedene Quellen ausmachen, die Ideen für Neuentwicklungen hergeben. Die wichtigste ist ohne Zweifel der Markt, wobei sowohl von Kunden als auch von Konkurrenten entsprechende Impulse ausgehen können. Eine weitere ist der Produzent selbst. Hier sind es – wenn vorhanden – die Forschungsabteilung, das Management und die Mitarbeiter im Innen- und Außendienst, von denen Anregungen kommen. Vor allem hat auch die Handelsvertretung aufgrund ihres engen Marktkontakts die Gelegenheit – oder besser die Chance –, sich als Ideenlieferant zu profilieren.

**Veränderung von Produkten – Produktvariation** Werden Produkte, die sich bereits im Markt befinden, verändert, spricht man von einer Produktvariation. Diese Veränderungen können sich auf alle Produkteigenschaften beziehen, beispielsweise auf das Material, die Qualität, die Form usw. Ziel der Produktvariation ist es, das Produkt für den Käufer oder Verwender interessanter zu gestalten, also eine Produktverbesserung zu erzielen, oder ein Produkt den Erfordernissen bestimmter Märkte anzupassen. In diesem Falle spricht man auch von einer Produktdifferenzierung, die ein wichtiges strategisches Merkmal für die Bearbeitung bestimmter Marktsegmente ist.

Die Produktvariation ist ebenfalls eine sehr wichtige Strategie im Rahmen der Produktpolitik. Sie findet vor allem bei den Unternehmen Anwendung, die über gut eingeführte, rentable Produkte verfügen. Sie brauchen nicht krampfhaft nach neuen Produkten zu suchen, sondern können in kleinen Schritten das von ihnen erfolgreich vermarktete Produkt beispielsweise neuen technischen oder modischen Entwicklungen anpassen. Manchmal werden alte Produkte stark verbessert, mitunter aber auch nur äußerlich verändert. Denkt man beispielsweise an Marken, die sich oft schon seit Jahrzehnten im Markt befinden, so spielen alte Produkte sogar die Hauptrolle.

**Herausnahme von Produkten – Produkteliminierung** Im Rahmen der permanenten Überprüfung der Produktpalette kann sich auch herausstellen, dass ein Produkt seit längerem rückläufige Umsätze und Renditen aufweist. Ferner kann sich zeigen, dass durch eine Produktvariation keine positiven Veränderungen möglich sind. Außerdem kann es vorkommen, dass Produkte für die Firmenziele nicht mehr förderlich erscheinen und sie mehr und mehr zu einer Belastung werden. In all diesen Fällen sollte ein Produkt aus dem Sortiment genommen werden.

Auch eine solche Entscheidung fällt in den Rahmen der Produktpolitik. Welche Kriterien dabei im Einzelnen den Ausschlag geben, ist von Fall zu Fall verschieden. Basis für die Produkteliminierung bildet eine permanente Ergebniskontrolle der Produkte. Beachtet werden muss bei einer solchen Entscheidung auch, ob mithilfe dieses Produktes nicht andere „gute" Produkte mit verkauft werden und diesen durch die Eliminierung nicht geschadet wird. Beispielsweise kann bei Serien durch Herausnahme eines schwachen Produkts der Seriencharakter zerstört werden.

Eine Eliminierung wird häufig auch vorgenommen bei neuen Produkten, wenn bereits nach kurzer Zeit festzustellen ist, dass der Neuzugang im Markt keine Akzeptanz findet. Solche „Flops" sind für ein Unternehmen aus finanziellen, aber auch aus Image-Gründen besonders schmerzlich.

**Neue Produkte für neue Märkte – Diversifikation** Wird ein neues Produkt hergestellt, und geht ein Betrieb damit in ein neues Marktsegment, dann wird diversifiziert. Damit baut sich ein Unternehmen ein weiteres Standbein auf und mindert die Abhängigkeit von den Märkten, in denen man bereits aktiv ist. Das Risiko einer Diversifikation ist jedoch häufig sehr groß. Denn oft liegen weder einschlägige Erfahrungen mit dem neuen Produkt vor, noch verfügt man in diesem neuen Markt oder Marktsegment über ein detailliertes Know-how.

**Sortimentspolitische Entscheidungen**
Die bereits erwähnten produktpolitischen Entscheidungen fließen letztlich in die sortimentspolitischen Entscheidungen ein. So kann sich die Diversifikation bzw. die Eliminierung beispielsweise auch auf die Sortimente beziehen. Der sortimentspolitischen Entscheidung kommt im Rahmen des Marketings einer Handelsvertretung ein besonderer Stellenwert zu. Eine optimale Sortimentsgestaltung

## 8.3 Die marketingpolitischen Instrumente

bietet vielfältige Möglichkeiten der erfolgreichen Marktbearbeitung und Kundenakquisition. Zusätzlich wird in einer Handelsvertretung durch sinnvoll aufeinander abgestimmte Produkte die tägliche Arbeit erleichtert. Große Rationalisierungseffekte liegen vor, wenn beispielsweise ein Großteil der Kunden mit dem gesamten Sortiment beliefert wird. Bei der Sortimentsgestaltung geht es in erster Linie um die Beantwortung folgender Kernfragen:

**Wie setzt sich das Sortiment in seiner Breite und Tiefe zusammen?** Die Sortimentsbreite bezieht sich auf die Anzahl der Warengruppen innerhalb des Sortiments. Sie verschafft den Kunden eines Anbieters eine Anzahl verschiedenartiger Kaufmöglichkeiten. Die Sortimentstiefe beinhaltet die Anzahl der Artikel innerhalb einer Warengruppe und bietet dagegen den Kunden eine Anzahl gleichartiger Kaufmöglichkeiten. Schmale und flache Sortimente deuten darauf hin, dass ein Unternehmen einen sehr eng umgrenzten Kundenkreis anspricht. Strategisch gesehen setzt das Unternehmen einen Schwerpunkt und tritt auf dem Markt als Spezialist auf. Breite und tiefe Sortimente dagegen zeigen, dass der Anbieter auf möglichst vielen Märkten bzw. in Segmenten vertreten sein möchte. Seine Strategie ist eine möglichst breite Marktabdeckung.

**In welchen Gruppen lässt sich ein Sortiment einteilen?** Auch hier gibt es wiederum verschiedene Möglichkeiten. Zunächst gibt es die Möglichkeit der Sortimentseinteilung in Produkt-/Warengruppen nach dem Material. Ein weiteres Merkmal wäre der Verwendungszweck. Daraus können sich Bedarfs- und Erlebnisbereiche ergeben, so beispielsweise für Sport, Auto, Heimwerker usw. Ein weiteres Merkmal ist die Preisorientierung. Daraus ergeben sich Preisgruppen und -lagen, die sich auf das Preisbewusstsein der Kunden – von hochpreisig bis preiswert – beziehen. Eine weitere Unterscheidung ist möglich nach der unterschiedlichen Beratungsintensität. Auch hieraus ergeben sich Produktkategorien, angefangen von Konsumgütern, die keiner Beratung bedürfen, bis hin zu beratungsintensiven hoch technisierten Maschinen.

Eine Handelsvertretung kann bei der Sortimentserweiterung ebenfalls strategische Überlegungen anstellen. So sind beispielsweise folgende Fälle von Interesse: Mit unseren Produkten sprechen wir unsere bisherigen Kunden bzw. Abnehmer an, die sich auf derselben Wirtschaftsstufe befinden. Beispielsweise verkaufen wir derzeit Wein und Spirituosen bei der Gastronomie und nehmen alkoholfreie Erfrischungsgetränke in unser Sortiment auf. Es handelt sich hier um eine Erweiterung der Sortimentsbreite – die Praxis spricht auch von einer horizontalen Diversifikation. Wir nehmen ein neues Produkt auf, das für unsere kaufenden

Kunden interessant ist. Gleichzeitig sprechen wir auch einen neuen Abnehmerkreis an. Durch unser erweitertes Sortiment sind wir nämlich auch für neue Zielgruppen interessant geworden. Es besteht aber auch die Möglichkeit, mit unserem neuen Produkt ausschließlich neue Kunden anzusprechen. In diesem Falle handelt es sich um eine echte Diversifikation.

Es kann aber auch dazu kommen, dass sich bei einer Sortimentszusammenstellung oder -erweiterung Reibungspunkte ergeben. An Stellen, wo unser Sortiment nicht harmoniert, sollten wir uns überlegen, was wir daran ändern können. Eine Entscheidung wäre beispielsweise, ein Produkt aufzugeben, das zielgruppenbezogen nicht mehr in unser Sortiment passt. Eine weitere strategische Überlegung wäre, ein neues, sinnvoll ergänzendes Produkt hinzuzunehmen. Diese Überlegungen müssen individuell vollzogen werden. Patentrezepte, die für alle Branchenbereiche anwendbar sind, gibt es nicht.

Produkt- und sortimentspolitische Entscheidungen sind meistens für ein Unternehmen von großer Tragweite. Um sichergehen zu können, dass die richtige Entscheidung getroffen wird, sind eine Fülle von Informationen notwendig. So gilt es zu wissen, ob, wann und in welcher Form z. B. Sortimentsveränderungen vorzunehmen sind. Bei Aufnahme von neuen Produkten geht es um die richtige Einschätzung der Marktchancen. Verschiedene Analysen – beispielsweise die für den Produkt-Lebenszyklus oder die Sortimentsstruktur – bieten dabei eine wertvolle Hilfestellung.

Eine einmal getroffene Sortimentsentscheidung bleibt für ein Unternehmen – auch für eine Handelsvertretung – selten im Laufe der Zeit festgeschrieben. Einzelne Märkte oder Kundengruppen verlieren im Zeitablauf als Betätigungsfeld an Attraktivität, während andere Betätigungsmöglichkeiten auftauchen und zur Verlagerung des Geschäftsbereiches anreizen. Bei der Erweiterung, aber auch bei der Bereinigung des Vertretungssortiments sollte man möglichst nach einem vorher festgelegten Plan vorgehen, in dem die grobe Marschrichtung zum Ausdruck kommt. Wichtig ist aber auch die unternehmerische Intuition, die kurzfristig auf Risiken und Chancen aufmerksam macht.

**Marken, Verpackung und Kundenservice**
Bei der Produktpolitik spielen auch noch weitere Aspekte eine wichtige Rolle, so beispielsweise die Marken, die Verpackung und der Kundenservice. Auch hier liegen Gestaltungsmöglichkeiten, die für den Erfolg oder Misserfolg bei der Vermarktung von Produkten verantwortlich sind.

## 8.3 Die marketingpolitischen Instrumente

**Marken** Eine Markierung ist eigentlich nichts anderes als die Zuordnung und Identifikation eines bestimmten Namens und/oder Zeichens zu einem bestimmten Produkt. Voraussetzung, dass man von einer Marke spricht, ist jedoch der Bekanntheitsgrad. Bei gleichartigen (homogenen) Produkten ist die Markierung zur Unterscheidung und Profilierung der einzelnen Produkte absolut notwendig, z. B. bei Lebensmitteln, Waschmitteln, Kosmetika usw. Durch diese Produktmarkierung entstehen Markenartikel. Die wichtigsten Merkmale sind:

- Markierung
- gleichbleibende Aufmachung (Verpackung)
- Verbraucherwerbung
- hoher Bekanntheitsgrad
- starke Verbreitung im Markt.

Erst durch die **Markierung** besteht bei homogenen Produkten die Möglichkeit, eigenes Marketing zu betreiben und das Produkt gegenüber Konkurrenzprodukten zu profilieren.

Bei einer starken Marke ist ein Betrieb – mithilfe dieser Profilierung – sogar in der Lage, den harten Preiskämpfen etwas aus dem Wege zu gehen. Außerdem sind eingeführte Marken nicht so anfällig für Marktschwankungen. Ein wesentlicher Grund liegt dabei darin, dass der Hersteller mit seiner Werbung den Verbraucher/Verwender direkt anspricht und durch die so entstehende Nachfrage der Handel indirekt beeinflusst wird, die Marke in seinen Regalen zu führen.

Für die Handelsvertretung ist dabei ein wichtiger Aspekt zu berücksichtigen. Je stärker eine Marke ist, desto mehr tritt die Profilierung durch Vertriebsaktivitäten, Serviceleistungen und persönlichem Einsatz in den Hintergrund. Positiv kann sich jedoch auswirken, dass durch den meist hohen Werbeaufwand möglicherweise ein Vor-Verkauf stattfindet. Der Markenartikel im Vertretungssortiment einer Handelsvertretung kann außerdem Image fördernd wirken.

**Verpackung** Ohne Umhüllung oder Verpackung sind viele Produkte, die uns täglich begegnen, nicht vorstellbar. Ursprünglich diente die Verpackung primär dazu, Produkte verkäuflich, transport- und lagerfähig zu machen. Mit der Entwicklung des Markenartikels änderten sich auch die Anforderungen an die Verpackung. So muss beispielsweise die äußere Gestaltung auffällig sein, ansprechend sein, informativ sein, die Produktvorteile hervorheben und das Produkt begehrenswert machen. Je nach Verwendungszweck, Zielgruppe oder Verkaufsweg (z. B. Selbstbedienung) werden an die Verpackung unterschiedliche Anforderungen gestellt.

**Kundenservice** Der Kundenservice bezieht sich im Wesentlichen auf alle Serviceleistungen, die dem Kunden nach dem Kaufabschluss geboten werden. Zu unterscheiden sind dabei grundsätzlich zwei Bereiche: die Garantie und der Kundendienst.

Die Garantie bezieht sich auf die Haltbarkeit und die Funktionsfähigkeit der Produkte. Im Rahmen der Verschärfung des Wettbewerbs werden Umfang und Dauer der Garantieleistung immer weiter ausgedehnt. Garantieleistungen sind häufig ein wichtiger Aspekt bei der Kaufentscheidung. Elementar für die Zufriedenheit des Käufers – gerade im Hinblick auf den Wiederholungskauf oder bei Stammkunden – ist die Abwicklung der Garantieforderung also auch die damit verbundene Reklamationsbearbeitung. Die Handelsvertretungen haben hier die Möglichkeit, sich über Schnelligkeit, Zuverlässigkeit und angemessene Großzügigkeit zu profilieren.

Der Kundendienst ist unterteilt in den kaufmännischen und technischen Bereich. Dem technischen Kundendienst kommt eine besondere Bedeutung bei den Gütern zu, die ohne technische Serviceleistung vom Anwender nicht dauerhaft genutzt werden können. Angesprochen sind hier Maschinen, EDV-Anlagen usw. Er beinhaltet Installations-, Inspektions-, Wartungs- und Reparaturdienste sowie die Versorgung mit Ersatzteilen. Die Qualität des technischen Kundendienstes in Bezug auf Schnelligkeit, Sorgfältigkeit, Kompetenz, Preis-/Leistungsverhältnis usw. hat eine starke Auswirkung auf die Zufriedenheit der Kunden und damit auch auf das Image. Der kaufmännische Kundendienst kommt bei allen Produkten, nicht nur den technischen, zum Einsatz und vielfach auch ohne gesonderte Vergütung. Dazu gehören Beratungs- und Zustelldienste, Kostenvoranschläge sowie jegliche Art der Hilfsbereitschaft und des individuellen Entgegenkommens.

Gerade im Bereich des Kundenservices besteht eine wichtige Hilfe, um sich im Markt zu profilieren – das gilt sowohl für den Herstellerbetrieb als auch für die Handelsvertretung. Denn bei vielen vergleichbaren Produkten ist eine Profilierung über das Produkt kaum mehr möglich, sondern nur über damit verbundene Zusatzleistungen. Eine gute Zusammenarbeit zwischen den vertretenen Unternehmen und der Handelsvertretung erleichtert diese Profilierung wesentlich.

Die Handelsvertretungen müssen sich in noch stärkerem Maße als bisher darüber klar werden, dass sie ein Nutzenbündel anbieten müssen, d. h. einer Kombination aus Produkten und Dienstleistungen. Die Philosophie „ein gutes Produkt verkauft sich fast von selbst" bezog sich auf die Märkte, die vom Wachstum geprägt waren. Sie gehört nunmehr eher der Vergangenheit an. Solange nur Produkte verkauft werden, gerät die Handelsvertretung leicht in die Vergleichbarkeit mit anderen Vertriebsorganen, insbesondere mit den angestellten Reisenden. Wenn ein marktgerechtes Dienstleistungspaket angeboten wird, wird die Leistung individuell und kommt aus der Vergleichbarkeit heraus. Natürlich muss sich die Übernahme solcher Dienstleistungen auch lohnen. Einsatz ohne Profit widerspricht jeder unternehmerischen Zielsetzung. Neben einer exakten Kalkulation der Preise für Tätigkeiten beim Kundenservice ist es daher besonders wichtig, den Vertragspartnern klar zu machen, dass – und in welcher Höhe – diese Leistungen vergütet werden müssen.

### 8.3.2 Preis-/Konditionenpolitik

Ein weiteres Instrument der Marketingpolitik ist die Preis-/Konditionenpolitik. Hiermit verbunden ist die grundsätzliche Frage: Zu welchen Bedingungen werden die Produkte und/oder Leistungen angeboten? Das Finden einer passenden Antwort gehört zu den kompliziertesten Vorgängen in einem Unternehmen überhaupt. Denn damit entscheidet es sich, ob und wie gut oder schlecht ein Produkt oder eine Dienstleistung „geht". Gleichzeitig ist damit das wirtschaftliche Wohl und Wehe eines Unternehmens verbunden.

Die Preis-/Konditionenpolitik stellt die vertragliche Vereinbarung zwischen Marktpartnern dar, in der das Entgelt für das Leistungsangebot – also die Produkte bzw. die Leistungen – festgelegt wird. Außerdem zählen Vereinbarungen über Rabatte sowie Zahlungs-, Kredit- und Lieferbedingungen dazu.

Im Mittelpunkt dieses marketingpolitischen Instrumentes steht zweifellos der Preis. Er ist sozusagen die Basis, um die die anderen Inhalte der Preis-/Konditionenpolitik, z. B. die Lieferungs- und Zahlungsbedingungen, angesiedelt werden. Bei der Festlegung des Preises spielen Faktoren wie das Produkt selbst, seine Qualität, seine Kosten, die vergleichbaren Produkte der Konkurrenz usw. eine wichtige Rolle. Damit sich ein Preis im Markt durchsetzen kann, muss das Verhältnis zwischen der angebotenen Leistung und dem Preis für den Käufer interessant und akzeptabel sein.

Ein Produkt lässt sich nicht allein über den Preis verkaufen, sondern alle Bereiche des Marketings müssen dabei eingesetzt werden. Die Preispolitik ist somit ein Instrument unter mehreren. Die Gestaltung der Preise muss daher auf die übrigen marketingpolitischen Instrumente abgestimmt sein, damit eine maximale Wirkung der gesamten Marketingpolitik erreicht werden kann. Nur das Zusammenwirken aller Marketingaktivitäten und deren optimale Ausrichtung bringen den gewünschten Markterfolg.

In der Preis-/Konditionenpolitik besteht mehr als bei den anderen Marketinginstrumenten die Möglichkeit, kurzfristig zu reagieren. Diese Flexibilität erlaubt es, situationsbezogen zu agieren und individuell auf Kunden- und Marktreaktionen einzugehen. Eine Überbetonung der Preispolitik kann auch problematisch werden, beispielsweise aus folgenden Gründen:

- Eine aggressive Preispolitik sollte im Allgemeinen vermieden werden, da sie – verursacht durch die Konkurrenten – zurückschlagen und zu einem ruinösen Wettbewerb führen kann.
- Preissenkungen führen nicht immer zu steigenden Umsätzen, da der Preis bei mangelnder Qualitätskonkurrenz oft als Qualitätsmaßstab verwendet wird.
- Der preispolitische Handlungsspielraum kann durch direkt und indirekt vorgeschriebene Endverbraucherpreise eingeengt sein.
- Preissenkungen sind relativ schwer wieder rückgängig zu machen.

Die Preispolitik umfasst folgende Entscheidungen:

- die Preislage, innerhalb derer das Unternehmen im Markt operieren will (Herstellung und Vermarktung generell hoch- oder niedrigpreisiger Produkte);
- die Preisfixierung für Neuprodukte oder bereits vorhandener Produkte beim Eintritt in neue Märkte;
- Preisänderungen bei Produkten durch Anpassung an die neuen Marktverhältnisse aufgrund von Änderungen der Nachfrage oder Konkurrenzaktivitäten,
- Beeinflussung der vorhandenen Marktverhältnisse mit dem Ziel der Erhöhung der Nachfrage, z. B. durch Aktionen,
- Anpassung an die unternehmensinterne Kostensituation,
- Ermittlung des optimalen Preis-/Leistungsverhältnisses von Produkten innerhalb einer Produktlinie bzw. eines Sortiments, die bezüglich ihrer Preise und/oder Kosten miteinander verbunden sind.

Zur detaillierten Festlegung der Preis-/Konditionenpolitik müssen Ziele vorliegen. Auch diese orientieren sich an den Unternehmens- bzw. Marketingzielen. Folgende preispolitischen Ziele können u. a. festgelegt werden:

- Unternehmens-/Marketingziel: Umsatz- bzw. Marktanteilssteigerung
  - Preispolitische Ziele:
    Bildung neuer Marktsegmente durch Preisdifferenzierung

Umsatzsteigerung pro Kunde durch Gewährung von Sonderkonditionen bzw. Rabatten

Erhöhung des mengenmäßigen Marktanteils durch niedrige Kampfpreise
- Unternehmens-/Marketingziel: Erhöhung des Gewinns
  - Preispolitische Ziele:
    Bildung von Preisen, die unter Berücksichtigung der Abnehmer- und Konkurrenzreaktionen den optimalen Gewinn versprechen
    verbesserte Kostendeckung durch Gewährung von Rabatten bei Großbestellungen
    verbesserte Kostendeckung durch Preiserhöhung bei Sonderausführungen bzw. Preisreduzierung bei Standardausführungen
    Kostensenkung durch Produktions- und Absatzoptimierung (z. B. Saisonplanung).
- Unternehmensziel: Verbesserung der finanziellen Situation
  - Preispolitische Ziele:
    Rabatte auf Lagerware zur Senkung des Lagerbestandes
    Gewährung von Skonti für die Einhaltung kurzer Zahlungsfristen zur Reduzierung der Außenstände
    Erlösoptimierung durch Preisdifferenzierung nach Auftragsgrößen, Kundenkategorien
    Liquiditätsverbesserung durch schnelleren Absatz

**Einflussfaktoren der Preis-/Konditionenpolitik**
Ein zentrales Problem besteht in der Frage, welche Anhaltspunkte ein Anbieter hat, um die Höhe des Preises zu bestimmen, den er für sein Produkt oder seine Dienstleistung fordern soll. Die Frage stellt sich einem Investitionsgüterhersteller, der eine Großanlage verkauft, ebenso wie einer Handelsvertretung, die die Provision als Preis für ihre Vertriebsleistung festlegen soll. In der Praxis ist es meistens so, dass man sich auf verschiedene Informationen stützt, die zwar meistens unvollkommen sind, die es jedoch möglich machen, sich an den „optimalen" Preis heranzutasten.

Bei der Festlegung bzw. Änderung der Preise ist eine Vielzahl von Faktoren zu berücksichtigen, von denen im Folgenden die wichtigsten besprochen werden.

**Produkt und Markt als Einflussfaktoren** Eine Überlegung betrifft den Nutzen des Produkts. Mit jedem Kauf eines Produkts wird normalerweise ein Bedürfnis befriedigt. Der Käufer verspricht sich von dem gekauften Gut einen Nutzen. Dabei muss zwischen dem Grundnutzen (Produkt dient beispielsweise der

Ernährung oder der Bekleidung bei entsprechenden Konsumgütern; der grundsätzlichen Funktion einer Maschine bei Investitionsgütern) und dem Zusatznutzen (beispielsweise Ästhetik und Prestige bei Konsumgütern; Sicherheit und einfache Bedienung bei Investitionsgütern) unterschieden werden. Konkret heißt dies, dass eine Produktleistung aus der Sicht des Käufers den geforderten Preis wert sein muss und damit den Nutzenerwartungen des Käufers entsprechen muss.

Bei der Festlegung des Preises ist auch die Struktur des Marktes, in dem das Produkt vertrieben wird, zu berücksichtigen. Denn Angebot und Nachfrage bestimmen den Preis. Dieser Satz, der fast wie eine Binsenweisheit klingt, lässt sich einfach erklären. Ein Überangebot führt nämlich in der Regel zu einer Preissenkung, die so lange anhält, bis das Marktgleichgewicht wieder hergestellt ist. Eine Übernachfrage bewirkt hingegen so lange Preiserhöhungen, bis ebenfalls das Marktgleichgewicht wieder erreicht ist.

**Kosten als Einflussfaktoren** Neben den genannten marktorientierten Einflussgrößen spielen bei der Preisfindung auch interne Aspekte – nämlich das „erfolgreiche Wirtschaften" – eine wesentliche Rolle. Eine Kostenorientierung des Preises ist daher unbedingt notwendig. Ziel jedes Unternehmens ist es, seinen Fortbestand zu sichern. Dazu müssen jedoch die Gesamtkosten gedeckt sein und Gewinne erwirtschaftet werden. Für die Preispolitik bedeutete dies, dass der für ein Produkt geforderte Preis immer daraufhin zu überprüfen ist, in wieweit er zur Deckung der Kosten (kurzfristig oder langfristig) beiträgt.

Der Umsatzerlös ergibt sich aus dem erzielten Preis multipliziert mit der abgesetzten Menge. Zur Bestimmung des Preises unter der Berücksichtigung der Kosten werden die genauen Absatzmengen benötigt. Diese sind im Voraus jedoch nicht exakt festzulegen, da sie von teilweise schwer bestimmbaren Faktoren abhängen, wie den Reaktionen der Abnehmer, der Konkurrenten usw. Um den zu fordernden Preis für die anzubietenden Produkte auf seinen Beitrag zur Kostendeckung und Gewinnerzielung überprüfen zu können, benötigt man für die Preisgestaltung Informationen aus dem betrieblichen Rechnungswesen.

Die Handelsvertretungen sollten die Kosten kennen, die den Produkten, die sie vermitteln, zugrunde liegen. Denn mit dem von ihnen getätigten Umsatz sind letzten Endes die Kosten, die den vertretenen Unternehmen entstehen, kurz- und langfristig zu decken. Grundsätzlich ist davon auszugehen, dass die Gesamtkosten für das jeweilige Produkt aufgrund einer geplanten – als optimal ermittelten – Stückzahl bestimmt wurden, sodass der erzielte Erlös über diesen Kosten liegt. Dadurch wird ein Gewinn für das vertretene Unternehmen erwirtschaftet und werden zukünftige Investitionen ermöglicht. Diese optimale Bestimmung der

Kosten setzt, wie bereits erwähnt, eine bestimmte Absatzmenge (Planstückzahl) voraus. Denn beim Unter- oder Überschreiten dieser Stückzahl liegt ein anderes, nicht mehr optimales Kostengerüst zugrunde. Das beeinflusst automatisch den Deckungsbeitrag und damit wiederum den Gewinn negativ.

Wird der mit der Kalkulation errechnete Preis vom Markt nicht akzeptiert, und ist eine Preisreduzierung notwendig, muss sich jeder darüber im Klaren sein, dass die Erlöse und damit auch der Gewinn der zu vertretenden Unternehmen beeinträchtigt werden. Je nach Höhe der Preisminderung kann es mittelfristig einerseits zum Substanzverlust beim Hersteller kommen, andererseits können die Kundenerwartungen bezüglich zukünftiger Preisvorstellungen nachhaltig beeinträchtigt werden. Wie die Praxis zeigt, lassen sich Preisminderungen wesentlich leichter durchsetzen als Preiserhöhungen.

**Festlegung des Preises**
Jedes Unternehmen muss bei seiner Preisfindung von drei grundsätzlichen Gesichtspunkten ausgehen: den Kosten, den Abnehmern und den Konkurrenten. Daraus ergeben sich folgende Möglichkeiten der Preisfindung:

**Kostenorientierte Preisfindung** Sie geht von einer Preisfixierung auf der Basis der für ein Produkt anfallenden Kosten aus. Die Methode der Preisfindung basiert ausschließlich auf unternehmensinternen Kriterien, nämlich den bei einer bestimmten Produktionsmenge entstehenden Kosten und einen bestimmten Gewinnzuschlag. Überlegungen bezüglich der Marktakzeptanz des Preises bleiben hier unberücksichtigt.

**Abnehmerorientierte Preisbildung** Im Mittelpunkt dieser Methode steht das Verhalten der Abnehmer/Kunden. Es werden Marktinformationen benötigt über:

- die Einschätzung des Produkts durch den Abnehmer
- das Image, das ein Unternehmen bei seinen Abnehmern besitzt
- die Preisbereitschaft der Abnehmer (Preiselastizität)
- die Möglichkeiten der Preisdifferenzierung (unterschiedliche Preise, je nach Abnehmergruppe)

Die Beantwortung dieser Überlegungen ergibt die Wertvorstellung, die die Abnehmer von einem Produkt haben. Eng mit dieser Wertvorstellung ist die Nutzenerwartung verbunden. Je höher die Wertvorstellung der Abnehmer liegt, umso höher kann der Preis angesiedelt sein und trotzdem Akzeptanz finden. Bei einer geringen Wertvorstellung trifft die Umkehrung zu. Bei der abnehmerorientierten Preisfindung werden interne Kostenstrukturen nicht berücksichtigt.

**Konkurrenzorientierte Preisbildung** Hier orientiert sich das Unternehmen bei seiner Preisfindung am Preis der Konkurrenz. Das Verhalten der Konkurrenten stellt eine wesentliche Einflussgröße auf das Abnehmerverhalten dar, denn die Wertvorstellung des Abnehmers von einem Produkt bildet sich unter anderem durch den Vergleich der verschiedenen Angebote. Der sog. Leitpreis entspricht entweder dem Preis des Marktführers oder dem Durchschnittspreis der Branche. Ein Unternehmen kann seinen Preis auf dem Niveau des Leitpreises festlegen oder – je nach Strategie – darunter bzw. darüber. Bei der konkurrenzorientierten Preisfindung werden ebenfalls die internen Kosten des Unternehmens nicht berücksichtigt.

Alle besprochenen Methoden der Preisfindung sind in ihrer reinen Form nicht unbedingt ideal. Um zu einem markt- und wettbewerbsgerechten Preis zu gelangen, gilt es für jedes Unternehmen, sowohl die marktorientierten Aspekte – Abnehmer und Konkurrenz – als auch die unternehmensinternen Kriterien – das Kostengerüst – zu berücksichtigen. Die Handelsvertretungen können für die abnehmer- und konkurrenzorientierte Preisbildung durch ihren permanenten Marktkontakt wesentliche Informationen liefern.

**Preisstrategien**
Neben den verschiedenen Methoden der Preisfindung gibt es zur Umsetzung im Markt mehrere Preisstrategien. Diese sind zum einen von der Situation des Unternehmens, d. h. von seinen Zielvorstellungen, von der notwendigen Absatzmenge und den damit verbundenen Kosten, und zum anderen von der Marktsituation (abnehmer- und konkurrenzbezogen) abhängig. Bei der Festlegung der Preisstrategie orientiert sich das Unternehmen im Wesentlichen am Produktlebenszyklus und bestimmt die jeweils einzusetzende Strategie entsprechend diesem Zyklus. Der Preisstrategie liegt also eine langfristige Planung zugrunde. Im Folgenden werden kurz die verschiedenen Strategien besprochen:

**Strategie der Preisdifferenzierung** Für das gleiche Produkt werden bei verschiedenen Abnehmergruppen aufgrund bestimmter Kriterien unterschiedlich hohe Preise gefordert. Diese Abstufung des Preises gilt als wichtigstes Instrument der differenzierten Marktbearbeitung. Hier muss beachtet werden, dass die verschiedenen Abnehmergruppen voneinander abzugrenzen sind.

## 8.3 Die marketingpolitischen Instrumente

Eine Preisdifferenzierung ist beispielsweise unter dem räumlichen Aspekt möglich, so etwa zwischen dem Inlandsmarkt und den Auslandsmärkten. Von einer zeitlichen Preisdifferenzierung spricht man, wenn für dasselbe Produkt oder dieselbe Leistung je nach dem Zeitpunkt unterschiedliche Preise verlangt werden. Diese Preisdifferenzierung dient vor allem dazu, ausgewogene Beanspruchung der Kapazitäten zu erreichen (z. B. Vorsaison- und Nachsaisonpreise, tageszeitlich gestaffelte Eintrittspreise).

**Penetrationsstrategie** Diese und die nachfolgende Abschöpfungsstrategie werden insbesondere bei der Neueinführung von Produkten eingesetzt. Die Penetrationsstrategie hat zum Ziel, mit möglichst niedrigen Preisen eine rasche Erschließung eines großen Kundenpotenzials mit hohen Stückzahlen bei niedrigen Stückkosten zu verkaufen. Gleichzeitig sollen potenzielle Konkurrenten abgeschreckt werden. Später wird versucht, diese Niedrigpreise nach und nach zu erhöhen. Die Penetrationsstrategie wird häufig nur dann angewandt, wenn es zunächst nicht ausreichend Abnehmer gibt, die bereit sind, einen höheren Preis zu bezahlen.

**Abschöpfungsstrategie** Bei der Abschöpfungsstrategie, die ebenfalls bei der Produktneueinführung Anwendung findet, liegt der Einführungspreis relativ hoch. Er wird dann bei zunehmender Markterschließung und/oder aufkommendem Konkurrenzdruck nach und nach gesenkt. Diese Strategie findet Anwendung, wenn davon auszugehen ist, dass die Abnehmer kaum Vorstellungen von einem angemessenen Preis haben oder bereit sind, für Produktneuheiten entsprechend mehr zu bezahlen. Bei dieser Strategie werden die Entwicklungskosten schnell wieder hereingeholt. Die größte Gefahr bei dieser Strategie, die auch als „skimming pricing" bezeichnet wird, besteht darin, dass der überhöhte Preis Konkurrenten anlockt.

**Prämienstrategie** Prämienpreise werden bei qualitativ hochwertigen Produkten eingesetzt, liegen daher relativ hoch. Durch alle begleitenden Maßnahmen, wie z. B. Werbung, wird die Hochwertigkeit des Produkts hervorgehoben. Wichtig ist, dass das erzeugte Anspruchsniveau von allen, die am Absatz des Produktes beteiligt sind, eingehalten wird. Diese Strategie findet schwerpunktmäßig ihren Einsatz in der Konsumgüterindustrie, beispielsweise bei Luxusartikeln wie Parfüm, Uhren, Luxusautomobilen usw.

**Promotionsstrategie** Bei dieser Strategie wird dagegen mit relativ niedrigen Preisen gearbeitet. Damit wird das Image des Niedrigpreisgeschäftes erzeugt. Der Preis ist ein wesentliches Werbeargument (sog. „Verkauf über den Preis"). Auch diese Strategie findet meist in der Konsumgüterindustrie Anwendung.

**Konditionen als Bestandteil der Preis-/Konditionenpolitik**
Bisher stand der Preis im Mittelpunkt unserer Überlegungen. Die Konditionen, d. h. Rabatte, Absatzkredite, Lieferungs- und Zahlungsbedingungen, gehören ebenfalls zum Instrumentarium der Preis-/Konditionenpolitik. Sie können ebenso Vertragsbestandteil über das Leistungsentgelt sein und sind, genau wie der Preis, als akquisitorische Instrumente anzusehen.

Eingangs haben wir festgestellt, dass die Vorgehensweise der Handelsvertretungen im Bereich der Preis-/Konditionenpolitik weitgehend von den vertretenen Unternehmen und dem Markt bestimmt wird. Trotzdem ist es wichtig, über die besprochenen Aufgaben, Inhalte und Strategien der Preis-/Konditionenpolitik Bescheid zu wissen und die Hintergründe einzelner Handlungsweisen und Reaktionen zu kennen. Mit diesem Basiswissen kann die Handelsvertretung die von ihren vertretenen Unternehmen angestrebte Preis-/Konditionenpolitik im Markt gezielter und erfolgreicher umsetzen. Im Folgenden beschäftigen wir uns mit der Rolle in der Preis-/Konditionenpolitik einerseits gegenüber den vertretenen Unternehmen und andererseits gegenüber den Kunden.

**Die Handelsvertretung und die Preis-/Konditionenpolitik der vertretenen Unternehmen** Jedes der vertretenen Unternehmen hat seine eigene Preis-/Konditionenpolitik und erwartet von den Handelsvertretungen, dass sie die Preise und Konditionen im Markt durchsetzen. Für den Erfolg ist dabei entscheidend, dass das Preis-/Leistungsverhältnis aus der Sicht des Kunden stimmt, also:

- Produkt/Leistung
- Image
- Serviceleistungen
- Zuverlässigkeit
- Liefertermine und der Warenausfall
- Konditionen usw.

Den Handelsvertretungen stellt sich nun die Frage, wie sie auf die Preis-/Konditionenpolitik ihrer vertretenen Unternehmen Einfluss nehmen können. Wichtige Voraussetzungen hierzu sind einerseits ein enger Kundenkontakt und gute

## 8.3 Die marketingpolitischen Instrumente

Marktkenntnisse sowie andererseits eine enge Kommunikation mit dem vertretenen Unternehmen. Die Handelsvertretungen kennen ihre Kunden, ihre Wettbewerber, deren Preisniveau sowie die zu erwartenden Reaktionen der Konkurrenz bei Preisänderungen und die Akzeptanz des Preisniveaus ihrer vertretenen Unternehmen. Diese Informationen müssen an die vertretenen Unternehmen weitergeleitet werden, damit diese in eine marktgerechte Preis-/Konditionenpolitik einfließen können. Gibt es Probleme mit der Akzeptanz des Preis-/Leistungsverhältnisses, so muss versucht werden zu analysieren, worin die Ursache liegt. Der Preis allein ist es selten. Es gilt also beispielsweise zu überlegen:

- Welches sind die Stärken und Schwächen der vertriebenen Produkte?
- Wo liegen die Stärken und Schwächen der Konkurrenz?

Bei der täglichen Arbeit kann die Handelsvertretung die Preis-/Konditionenpolitik sehr gezielt einsetzen, denn sie zählt zu den sehr flexibel zu handhabenden Marketinginstrumenten. So haben Handelsvertretungen häufig gegenüber Kunden einen Verhandlungsspielraum, in dem sie die Möglichkeit besitzen, Mengenrabatte zu gewähren. Der Einsatz dieser Rabatte sollte jedoch systematisch und gezielt erfolgen, und sie sollten nur dann eingesetzt werden, wenn die Notwendigkeit besteht. Denn es ist im Sinne aller Beteiligten, mit den getätigten Umsätzen einen möglichst hohen Gewinn zu erwirtschaften. Nur dann sind Investitionen in die Zukunft möglich und damit eine Forcierung der Marketingstrategie der Produkte.

Daher werden Rabatte und Preisdifferenzierungen häufig mit gestaffelten Provisionsregelungen verbunden. So erhalten die Handelsvertretungen einerseits mehr Freiheit in der Verhandlung mit dem Kunden, andererseits mehr Verantwortung in Bezug auf das positive Ergebnis des vertretenen Unternehmens. Gleichzeitig besitzen sie auch Einfluss auf die Höhe ihrer Provisionseinkommen. Je effektiver, d. h. je „kostendeckender" sie für ein vertretenes Unternehmen verkaufen, desto höher liegt das eigene Provisionseinkommen.

Bei allen Überlegungen darf nicht vergessen werden, dass Handelsvertretungen mit ihren vertretenen Unternehmen gemeinsam ein Ziel verfolgen – nämlich den Erfolg im Markt. Erreicht werden kann dies nur, wenn Umsatz getätigt wird, und zwar in dem geplanten Rahmen, auf dem die Kalkulation basiert, wenn also eine optimale Kostendeckung und gleichzeitig der angestrebte Gewinn erzielt werden.

**Die Handelsvertretung und die Preis-/Konditionenpolitik im Markt** Bisher wurde deutlich, dass der Preis nicht nur unter Kosten- und Marktgesichtspunkten zu bestimmen ist. Ferner ist wichtig, dass hier ein marktgerechtes Preis-/Leistungsverhältnis vorliegt. Wir kennen das Argument: „Wenn der Preis stimmt, verkauft sich das Produkt von allein." Dies trifft nicht im vollen Umfang zu, denn bei der Marktbearbeitung gibt es zahlreiche Möglichkeiten, den Preis nicht in den Mittelpunkt der Kaufentscheidung des Kunden zu stellen. Die jeweilige Ausprägung dieser Situation ist selbstverständlich stark branchen- und produktabhängig.

Eine erfolgreiche Preis-/Konditionenpolitik ist bei einem immer härter werdenden Wettbewerb ohne Produktprofilierung kaum möglich. Das Ziel im Verkaufsgespräch muss es daher sein, das Produkt und nicht den Preis in den Vordergrund zu stellen. Die kompetente und fundierte Produktargumentation gilt als notwendige Voraussetzung. Es geht jedoch nicht ausschließlich um das Produkt selbst, sondern u. a. auch um:

- das persönliche Engagement und die Kompetenz,
- die zeitlichen Präferenzen, wenn die Lieferzeiten günstiger sind als die der Konkurrenz,
- die räumlichen Vorteile, weil die Handelsvertretung beispielsweise ein Auslieferungslager besitzt,
- die Zusatz- und Serviceleistungen wie Kundendienst, Garantie usw.

**Die Handelsvertretung und die eigene Preis-/Konditionenpolitik** Genau wie die vertretenen Unternehmen müssen sich auch die Handelsvertretungen über ihre Kostensituation im Klaren sein und wissen, welcher Aufwand effektiv und gerechtfertigt ist. So gilt es, insbesondere für Mehrfirmenvertretungen zu überlegen, welche Provisionseinnahmen welchem Aufwand gegenüber stehen. Im Folgenden sollen ein paar Anregungen zur kritischen Prüfung der eigenen Preis-/Konditionenpolitik als wichtiges Instrument des Marketings gegeben werden.

Beispielsweise ist bekannt, dass die persönliche Kommunikation – also der persönliche Verkauf – immer wichtiger wird, gleichzeitig aber sehr zeit- und kostenintensiv ist. Diese Tatsache muss auch bei der Preis-/Konditionenpolitik der Handelsvertretung berücksichtigt werden. Dabei gilt es jedoch zu beachten, dass gerade die Effizienz der persönlichen Kommunikation unter Kostengesichtspunkten schwer zu erfassen ist. Es besteht die Notwendigkeit, die Zeit optimal zu nutzen. Hier sei nur das Hilfsmittel der konsequenten, ausgefeilten Besuchsplanung angesprochen.

Eine weitere Überlegung für die Preis-/Konditionenpolitik der Handelsvertretung ist, über eine gesonderte Honorierung bei speziellen Serviceleistungen einerseits gegenüber den Kunden und andererseits gegenüber den vertretenen Unternehmen zu verhandeln. Dies gilt beispielsweise, wenn für die vertretenen Unternehmen Analysen oder Informationen im Sinne von Beratung angeboten werden. Hier sollte jedoch im Einzelfall sehr differenziert vorgegangen werden, da nur besondere Informationen bzw. eine intensive Beratung in Rechnung zu stellen sind.

Gegenüber den Kunden können beispielsweise Serviceleistungen, die über das Angebot der vertretenen Unternehmen hinausgehen, berechnet werden. Häufig findet dies im Bereich der technischen Dienstleistung Anwendung. So können beispielsweise Lagerregale vermittelt werden, und kann als persönlicher Service die Montage angeboten werden. Die Kosten werden dann dem Kunden in Rechnung gestellt. Durch diese technische Dienstleistung ergibt sich für die Handelsvertretung eine weitere Möglichkeit der Profilierung. Ähnlich ist es beim Kundendienst für technische Geräte.

### 8.3.3 Distributionspolitik

Damit Produkte gekauft werden können, ist es erforderlich, dass sie an dem vom Kunden gewünschten Ort, zur gewünschten Zeit und in der gewünschten Menge zur Verfügung stehen. Hier liegt die Aufgabe der Distributionspolitik. Damit gemeint sind alle Entscheidungen und Handlungen in einem Unternehmen, die im Zusammenhang mit dem Weg eines Produkts zum Endkäufer stehen. Daraus ergeben sich zwei distributionspolitische Bereiche:

1. die Wahl der Absatzwege, die auch Distributionskanäle (distribution channels) genannt werden, und
2. die physische Distribution der Produkte, auch mit Marketing-Logistik bezeichnet. Hierunter wird die Lösung der mit der Güterverteilung verbundenen Verpackungs-, Versand-, Transport-, Lager- und Lieferserviceprobleme verstanden.

Als logische Folge stellt sich somit jetzt die Frage: „An wen und wie werden die Produkte vertrieben?" Also: „Welche Absatzkanäle werden gewählt, und welche Möglichkeiten der Marketing-Logistik (physische Warenbewegung – logistische Systeme) werden genutzt?"

Auch für die Distributionspolitik gilt: Sie ist für jede Marktform einsetzbar. Nur die Inhalte ändern sich in Abhängigkeit von der Marktform. So ist der Endverwender im Konsumgütermarkt zumeist der Endverbraucher (Konsument). Im Investitionsgütermarkt dagegen der „letzte Nachfrager", z. B. eine Druckerei für das Angebot von Druckmaschinen.

Die Wahl der Absatzkanäle bedingt häufig den Einsatz bestimmter logistischer Systeme. Liefert z. B. ein Hersteller direkt an den Endverwender, so benötigt er ein Direkt-Absatzsystem, z. B. eigene Handelsfilialen oder ein Fabrik-Versand-System. Beim indirekten Absatz bedient sich der Hersteller eines oder mehrerer Absatzmittler. Hier übernimmt der Handel die weitere Warenverteilung. Folgende Faktoren nehmen Einfluss auf distributionspolitische Entscheidungen:

- Produkte/Sortimente
  - Erklärungsbedürftigkeit: Je mehr Erklärung und Beratung ein Produkt benötigt, desto qualifizierter muss das Verkaufspersonal sein.
  - Transport- und Lagerfähigkeit: Leicht verderbliche oder schwer zu transportierende Produkte setzen unterschiedliche Transportarten voraus.
  - Bedarfshäufigkeit: Wird ein Produkt in kurzen Abständen nachgefragt, ist eine andere Vertriebsorganisation und Marktbearbeitung notwendig als bei Produkten, die schwerpunktmäßig in größeren Abständen gekauft werden.
- Kunden/Konsumenten
  - Welche Zielgruppe soll letztendlich angesprochen werden? Die Industrie, der Handel – zur Eigennutzung zum Wiederverkauf – oder Endverbraucher?
  - Wie ist die Zielgruppe zu erreichen? Wo wird wann und wie viel gekauft?
  - Wie groß ist die Zielgruppe, das Marktpotenzial/-volumen, das Absatzpotenzial/-volumen?
- Konkurrenz
  - Wie arbeitet die Konkurrenz? Welche Systeme für Absatzkanäle und logistische Systeme nutzt sie?
  - Welche Produkte bietet sie an? In welcher Form, zu welchem Preis?
- Eigenes Unternehmen
  - Welche Möglichkeiten bietet das eigene Unternehmen im Hinblick auf Finanzkraft, Lieferkapazität, Erfahrung mit vorhandenen Absatzkanälen, z. B. einzelnen Handelsgruppen, vorhandenes Vertriebssystem usw.?
- Externe Gegebenheiten
  - Staatliche Vorschriften, z. B. beim Verkauf von Lebensmitteln, Pharmaka oder technischen Geräten.

## 8.3 Die marketingpolitischen Instrumente

- Vertragliche Verbindungen, z. B. mit derzeitigen Vertriebspartnern.
- Sonstige rechtliche Vorschriften.

**Gestaltung der Absatzwege**

Ein Unternehmen hat verschiedene Möglichkeiten der Gestaltung seiner Absatzwege. Grundsätzlich wird zwischen dem direkten und dem indirekten Vertriebsweg unterschieden.

Direktvertrieb liegt vor, wenn ein Anbieter ohne Einschaltung der Handelsstufen an den Endverwender bzw. Endverbraucher liefert. Den Direktvertrieb finden wir häufig im Bereich der Dienstleistungen, z. B. Banken, Versicherungen. Bei erklärungs- und beratungsintensiven Produkten im Bereich der Investitionsgüter, die vielfach von Handelsvertretungen angeboten werden, wird ebenfalls bevorzugt der direkte Weg vom Hersteller zum Endverwender gewählt. Häufig werden auch regionale Niederlassungen eingerichtet. Damit ist eine möglichst hohe Informationsqualität und enge Kommunikation bei der Kundenbearbeitung gewährleistet.

Beim indirekten Vertrieb werden dagegen Absatzstufen (Handel) und damit Absatzmittler zwischen Hersteller und Endabnehmer geschaltet. Je nach Zielsetzung und Produktart kann die Anzahl der eingeschalteten Stufen variieren. Dieser Vertriebsweg wird meist bei Konsumgütern angewendet.

Für welchen Weg – den direkten oder indirekten Vertrieb – sich ein Unternehmen im Einzelfall entscheidet, ist von der jeweiligen Zielsetzung und den damit verbundenen Einzelfaktoren abhängig. Bei beiden Vertriebswegen ist der Einsatz von Absatzhelfern, wie der Handelsvertretung, möglich.

Außerdem sind folgende Überlegungen zu berücksichtigen:

**Vertriebskosten** Allgemein gilt, dass die Vertriebskosten umso höher sind, je direkter der Vertrieb an den Endabnehmer erfolgt. Der Vorteil, die Handelsspanne einzubehalten, wirkt sich beim Direktvertrieb nur dann für das Unternehmen positiv aus, wenn die Handelsspanne größer ist als die zusätzlichen Vertriebskosten.

**Einflussnahme** Je mehr Absatzstufen zwischen Hersteller und Endabnehmer liegen, desto schwächer wird die direkte Einflussnahme und Kontrolle des Herstellers auf die Präsentation seines Produkts im Sinne des Marketingkonzeptes. Angesprochen sind hier Warenpräsentation, Werbung, Verkaufsförderung, Preis und Umfeld. Der Informationsfluss vom Hersteller zum Endabnehmer wird ebenfalls schwieriger.

**Entscheidungen über den Einsatz von Absatzmittlern und Absatzhelfern**
Die Absatzmittler bilden im Rahmen des Absatzweges die Kette zwischen Hersteller und Endverbraucher. Absatzmittler sind wirtschaftlich und rechtlich selbstständige Organe wie der Groß- und Einzelhandel. Vermittler und Funktionsträger, die an der Anbahnung von Kontakten, Kaufabschlüssen und am reibungslosen Vertrieb der Ware zum Endverbraucher beteiligt sind, werden als Absatzhelfer bezeichnet. Sie sind selbst nicht in die Absatzkette eingegliedert. Hierzu zählen u. a. Handelsvertretungen, Handelsmaklerbetriebe, Spediteure, aber auch Banken, Werbeagenturen und Marktforschungsinstitute. Absatzhelfer sind rechtlich eigenständig und erfüllen im Vertriebssystem unterstützende Funktionen.

Handelsvertretungen zählen nach der betriebswirtschaftlichen Marketingdefinition zu den Absatzhelfern der Industrie und des Handels. Somit kann die Handelsvertretung weder eindeutig dem direkten noch dem indirekten Vertrieb zugeordnet werden, denn dabei liegt der Unterschied darin, dass der Absatz ohne bzw. durch Einschaltung des Handels erfolgt. Unabhängig von dieser Unterscheidung ist jedoch, ob die Kunden durch die eigene Vertriebsorganisation im Sinne von Reisenden (Anweisungsvertrieb) oder durch Handelsvertretungen (Vertragsvertrieb) betreut werden.

Die eigenen Verkaufsorgane des Herstellers zählen weder zu den Absatzmittlern noch zu den Absatzhelfern, da sie rechtlich nicht selbstständig sind. Hierzu gehören auch Reisende. Ein Unternehmen muss sich also nicht nur für den richtigen Absatzweg entscheiden, sondern auch innerhalb des Absatzweges für die richtigen Partner.

**Handelsvertretung oder industrieeigener Außendienst**
Ein Industrie- oder Großhandelsbetrieb muss sich im Rahmen der Auswahl der richtigen Partner im Absatzkanal auch entscheiden, ob er mit Handelsvertretungen – also Absatzhelfern – oder mit Reisenden arbeiten will. Für diese Unternehmen steht dabei die Überlegung im Mittelpunkt, auf welche Weise eine möglichst effiziente Marktbearbeitung und damit optimale Marktnähe zu erreichen ist. Die Antwort muss nicht unbedingt „entweder Handelsvertretung oder Reisende" lauten, denn die Praxis zeigt auch häufig Mischformen.

Zwei grundsätzliche Aspekte sind bei dieser Entscheidungsfindung von Bedeutung:

- der quantitative Aspekt: Auswirkungen auf die Kosten und den Gewinn;
- der qualitative Aspekt: Marktnähe, Sortiment, Fachwissen, Beratung, Markt-Know-how, Verkaufsaktivität, Absatzrisiko, Steuerbarkeit.

## 8.3 Die marketingpolitischen Instrumente

Eine allgemein gültige Entscheidung kann oft nicht getroffen werden. Jedes Unternehmen muss im Rahmen seiner individuellen Zielsetzung abwägen. Es gibt aber eine Reihe von Argumenten, die für den Vertrieb mit Handelsvertretungen sprechen. Diese muss jeder Handelsvertreter kennen, um bei Bewertungen für die Übernahme des Vertriebs die Vorteile für die Industriebetriebe deutlich machen zu können.

**Entscheidungen im logistischen System**
Eine der wichtigsten Fragen für die tägliche Arbeit mit dem Kunden ist die Lieferbereitschaft und Lieferzeit (Lieferservice). Es handelt sich hier um Bereiche, auf die Handelsvertreter oft wenig Einfluss haben, von denen aber häufig grundsätzliche Entscheidungen für eine Auftragserteilung abhängen. Dies gilt insbesondere dann, wenn die Kunden die Produkte zu einem bestimmten Termin benötigen. Sind die vertretenen Unternehmen dann nicht in der Lage, diese Forderungen zu erfüllen, besteht die Gefahr, dass der Auftrag der Konkurrenz zukommt. Kann keine Alternative geboten werden, so hat die mangelnde Lieferbereitschaft negative Auswirkungen auf die Zusammenarbeit mit dem Kunden.

Der Hersteller muss in Bezug auf die Lieferbereitschaft zwischen der Notwendigkeit und Realisierbarkeit abwägen, denn eine Erhöhung der Lieferbereitschaft ist in der Regel mit einem überdurchschnittlichen Kostenanstieg verbunden. Die Ursache der Kostenerhöhung liegt z. B. in der Notwendigkeit des Ausbaus der Lagerhaltung, der Wahl schnellerer Transportwege (Luftfracht) oder der Beschleunigung der Auftragsbearbeitung. Im Rahmen der Marketing-Logistik gilt es für jedes Unternehmen, einen Kompromiss zwischen dem notwendigen bzw. optimalen Lieferservice für den Kunden einerseits und den eigenen Auslieferungskosten andererseits zu finden – häufig konträren Zielen.

**Überlegungen zur Verkaufspolitik der Handelsvertretung**
Die Verkaufspolitik beinhaltet die Kundenbetreuung, die Kundenberatung und das aktive Verkaufen im Kundengespräch. Sie kann als die Hauptfunktion und Basis der Tätigkeit einer Handelsvertretung bezeichnet werden. Gleichzeitig ist die Verkaufspolitik ein Engpass, denn der Außendienst ist an die Zeit seiner Kunden gebunden, auf sie muss das Timing abgestimmt werden. Um die Kunden möglichst effektiv zu bearbeiten, sind folgende, grundsätzliche Überlegungen anzustellen:

- Einteilung der Kunden nach ihrer Bedeutung: Richtgrößen sind getätigter Umsatz, möglicher Umsatz bzw. Umsatzziel, Kompetenz der Kunden im Sinne von Image und Präsenz usw. Die Gruppierung kann in A-, B- und

C-Kunden erfolgen, z. B. nach Umsatzbedeutung, Wachstumspotenzial usw. A-Kunden sind entsprechend ihrer Bedeutung sehr eng zu betreuen. So sollten primär mit den A-Kunden interessante Angebote abgesprochen werden. Durch diese Einteilung schafft man sich eine Prioritätenliste für die Kundenbearbeitung.

- Einteilung des Gebietes in regionale Schwerpunkte zur Abstimmung der Reiseplanung.

**Suche von Distributionslücken, Analyse der Distributionsbreite und -tiefe**
Ist die Handelsvertretung breit präsent, d. h. an allen wesentlichen Punkten im Gebiet (Distributionsbreite), oder sind hier Lücken zu schließen? Wie sieht es mit der Distributionstiefe aus, d. h. ist die Handelsvertretung an einem Ort oder bei einem Kunden entsprechend dem Marktvolumen ausreichend präsent? Bei beiden Fragen steht die Suche nach Umsatzreserven im Mittelpunkt.

Neben der systematischen Kundenbearbeitung muss die Kundenakquisition ebenfalls berücksichtigt werden. Bei den grundsätzlichen Überlegungen zur Kundenbearbeitung wurden Fragen nach Distributionslücken und der ausreichenden Distributionsbreite und -tiefe gestellt. Hier ergeben sich Ansatzpunkte für die Suche nach neuen Kunden. Teilweise sind diese Wunschkunden bereits bekannt, doch kaufen sie die angebotenen Produkte bisher noch nicht oder nicht mehr. Ziel ist es daher, die Gründe des Nichtkaufens zu analysieren und ein Entree zu suchen. Gleichzeitig ist es notwendig, weitere potenzielle Kunden zu finden, z. B. über Branchenverzeichnisse, Kauf von branchenspezifischen Adressen, Ortsbegehung usw.

**Service-Politik der Handelsvertretung**
Ein weiterer, sehr wichtiger Aspekt bei der Marktbearbeitung sind die Dienstleistungen, die den Kunden neben dem Verkauf und der formalen Auftragsabwicklung geboten werden – der persönliche Service. Im Rahmen der Produkt- und Sortimentspolitik wurde bereits die produktbezogenen Aspekte (Garantie und Kundendienst) besprochen. Hier soll nun kurz auf den vertriebsbezogenen Service eingegangen werden, da bereits eine ausführliche Betrachtung im Baustein 4 (vgl. Kap. 4) erfolgte. Hierzu zählen u. a.:

- Auslieferungslager
- Ausstellungs-/Vorführräume
- Ausstellung auf regionalen und überregionalen Messen
- Vorführungsveranstaltungen, z. B. in Hotels
- Präsentation bei Referenz-Kunden.

Es handelt sich hierbei um Aktionen, die im direkten Zusammenhang mit dem Vertrieb der Produkte stehen und diese Aktivitäten unterstützen und erleichtern. Es ist also zu überlegen, wo beispielsweise diese Maßnahmen sinnvoll eingesetzt werden können, damit den Kunden ein zusätzlicher Service angeboten werden kann. Hier liegen wiederum wesentliche Ansatzpunkte zur Profilierung gegenüber der Konkurrenz.

Weitere Maßnahmen zur Verbesserung des Services können sein:

- qualifizierte Kundenberatung
- regelmäßige Kundeninformation, beispielsweise über Neuentwicklungen von Produkten, interessante Angebote, Preisänderungen
- frühzeitige Information der Kunden über Lieferprobleme und -verzögerungen bzw. Kenntnis über die Situation beim Kunden
- Eingehen auf kundenspezifische Probleme

Diese Aufzählung macht deutlich, dass eine sehr wichtige Komponente des Services die persönliche Kommunikation ist.

Zusammenfassend kann festgestellt werden, dass die Marktbearbeitung der Handelsvertretung eine klare Linie und die konsequente Umsetzung, gemeinsam mit den Kunden und den vertretenen Unternehmen, von grundsätzlicher Bedeutung sind. Die Handelsvertretung benötigt ein eigenes Vertriebs- und Marketingkonzept, um den Markt nicht den Konkurrenten zu überlassen und die Marktaktivität gezielt und offensiv einsetzen zu können.

### 8.3.4 Kommunikationspolitik

Während der Distributionspolitik die Aufgabe zukommt, Produkte zu den Kunden zu „transportieren", hat die Kommunikationspolitik die Aufgabe den „Transport" von „Informationen" des Unternehmens zu den jeweiligen Empfängern zu übernehmen. Jeder Austausch von Produkten im Markt ist mit einer Vielzahl an Kommunikationsvorgängen verbunden. Das Ziel der Marktkommunikation ist es, durch die auf den Absatzmarkt gerichteten Informationen die Marktpartner entsprechend der eigenen Zielsetzung zu beeinflussen. Außerdem besteht die Aufgabe der Kommunikationspolitik darin, dem Unternehmen ein unverwechselbares Profil – ein Unternehmens-„Gesicht" – für seinen Marktauftritt zu geben. Mithilfe der Marktkommunikation sind die Produkte und das Unternehmen selbst so zu präsentieren, dass grundsätzlich bei den aktuellen und potenziellen Kunden Interesse geweckt wird und die Kaufentscheidung positiv ausfällt.

Die Kommunikationspolitik unterstützt die bisher besprochenen Marketinginstrumente Produkt- und Sortimentspolitik, Distributionspolitik, aber auch die Preis-/Konditionenpolitik. Man unterscheidet zwischen der unpersönlichen und persönlichen Kommunikation. Zu den Instrumenten der unpersönlichen Kommunikation zählen:

- Werbung
- Verkaufsförderung
- Public Relations (PR)

Die persönliche Kommunikation beinhaltet im Wesentlichen den persönlichen Kontakt zum Kunden, insbesondere durch den persönlichen Einsatz. Sie wird auch als „persönlicher Verkauf" bezeichnet.

**Grundlagen der Werbung**

Die Werbung gilt im Rahmen der Kommunikationspolitik als wichtigstes Instrument der systematischen Beeinflussung des Käuferverhaltens. Um Werbung erfolgreich gestalten und einsetzen zu können, muss man sich mit diesem Kommunikationsprozess und seinen Auswirkungen intensiv beschäftigt haben. Aus diesem Grunde sollte man bei der Gestaltung der Werbung Fachleute, z. B. Werbeagenturen, heranziehen. Damit die Werbeagenturen erfolgreich arbeiten können, müssen sie darüber informiert sein, was mit der Werbung erreicht werden soll. Diese Zielsetzung muss im Rahmen der Marketingkonzeption festgelegt werden.

Die Werbung ist ein Kommunikationssystem. Eine Botschaft (Information) wird unter Berücksichtigung einer bestimmten Zielsetzung von Werbetreibenden (z. B. das vertretene Unternehmen) mithilfe von Werbeträgern (z. B. Fernsehen, Zeitschriften) und Werbemitteln (Fernsehspots, Anzeigen/Inserate) an den Empfänger (z. B. Kunden) ausgestrahlt. Wie diese Information beim Empfänger ankommt, ist nicht immer gezielt zu steuern, da Störungen (z. B. durch Konkurrenzaktivitäten) auftreten können. Durch Rückkoppelung ist festzustellen, wie die gesendete Nachricht empfangen, verstanden und wie auf sie reagiert wird. Diese Werbeerfolgskontrolle erfolgt beispielsweise durch Marktforschung.

Zur Erstellung des Werbekonzeptes müssen folgende Grundsatzfragen beantwortet werden: Wer (Vertretene Unternehmen, Handelsvertretung usw.)

- sagt was (Welche Werbebotschaft soll vermittelt werden, soll primär über das Produkt informiert werden – Produktwerbung – oder steht das Unternehmen im Mittelpunkt – Firmenwerbung?)

## 8.3 Die marketingpolitischen Instrumente

- unter welchen Bedingungen (Marktsituation, Konkurrenzverhalten usw.)
- über welche Kanäle (Welche Medien, z. B. Werbebriefe, Prospekte, Zeitungen, Zeitschriften, Plakate, Fernsehen usw. sind einzusetzen?)
- zu wem (Welche Zielgruppe oder Personen sind anzusprechen?)
- mit welchen Wirkungen (Werbeerfolg)?

**Erscheinungsformen der Werbung**
Ebenso gilt es, die Erscheinungsformen der Werbung zu unterscheiden, beispielsweise in:

**Klassische Werbung** Sie erfolgt über die Massenmedien (Werbeträger) wie beispielsweise Funk, Fernsehen, Zeitungen, Zeitschriften und spricht ein anonymes Publikum indirekt an.

Oder man setzt Werbung am Verkaufsort (am Point of Purchase, sog. POP-Werbung) ein. Hier werden Verkaufsproben, Displaymaterial (Aufsteller, Plakate usw.) eingesetzt. Die POP-Werbung wird teilweise auch der Verkaufsförderung zugerechnet.

**Direktwerbung (Direct Mailing)** Sie richtet sich mithilfe von Werbebriefen direkt an den Empfänger. Diesem Werbebrief können z. B. Werbegeschenke oder Produktinformationen in Form eines Prospekts beigelegt werden. Durch ihren Einsatz besteht die Möglichkeit, den Adressaten persönlich und individuell anzusprechen und durch Rückantworten u. a. ein Feedback zu erhalten. Je nachdem, wie viele Personen anzuschreiben sind, entstehen relativ hohe Kontaktkosten.

Vergleicht man die Kontaktkosten der Direktwerbung mit denen der klassischen Werbung, so wird die Kostenintensität der Direct Mailings deutlich. Auch die „neuen Medien" eröffnen neue Perspektiven, beispielsweise über das Internet. Die Direktwerbung spielt gerade bei Handelsvertretungen eine wichtige Rolle.

**Endverbraucherwerbung** Mit dieser Form der Werbung wird der Konsument angesprochen. Sie besitzt ihren besonderen Stellenwert bei Markenartikeln. Werbemittel wie Fernseh- und Rundfunkspots, Zeitschriften- und Zeitungsinserate, Plakate, Werbebriefe, Prospekte, Kataloge usw. finden hier ihren Einsatz.

**Fachwerbung** Die Fachwerbung richtet sich dagegen an den gewerblichen Abnehmer, also an die Industrie, den Groß- und den Einzelhandel. Sie findet sowohl in der Investitionsgüterindustrie als auch in der Konsumgüterindustrie ihre Anwendung. Anzeigen in Fachzeitschriften, Werbebriefe und Prospekte mit Produktinformationen werden häufig eingesetzt. Insbesondere bei Investitionsgütern steht die

Sachinformation im Vordergrund, denn hier fällt die Kaufentscheidung schwerpunktmäßig aufgrund von rationalen Entscheidungsprozessen.

**Kooperationswerbung** Bei unseren bisherigen Überlegungen sind wir davon ausgegangen, dass die Werbung vom Unternehmen allein durchgeführt wird. Es gibt jedoch Möglichkeiten der Kooperationswerbung. So beispielsweise:

- Huckepack-Werbung: Hier wird gleichzeitig für mindestens zwei unterschiedliche Produkte geworben. So kooperiert beispielsweise ein Computer-Hersteller mit einer Software-Firma. Oder eine Handelsvertretung vertreibt mehrere, sich ergänzende Produkte, für die sie wirbt.
- Gemeinschaftswerbung: Anbieter, die homogene Güter vertreiben, schließen sich zu gemeinsamen Werbeaktionen zusammen, bei denen einzelne Unternehmen nicht namentlich hervorgehoben werden.
- Sammelwerbung: Es werben mehrere Anbieter gemeinsam mit Namensnennung für verschiedene Angebote: Mehrere Handelsvertretungen veranstalten beispielsweise gemeinsam eine Ausstellung und schließen sich werbemäßig zusammen.
- Verbund-Werbung: Hier kooperieren Hersteller mit ihren Absatzmittlern und betreiben gemeinsam Werbung. So schalten z. B. Baumärkte Anzeigen in Tageszeitungen und werben für einen oder zwei Markenartikel. Hier liegt meist eine Beteiligung der jeweiligen Hersteller zugrunde.

**Werbeziele**
Für ein erfolgreiches Werbekonzept müssen ferner die Ziele festgelegt werden, die wiederum aus den Unternehmens- und Marketingzielen abzuleiten sind. Generelle Werbeziele können sein:

- Erhaltung und Sicherung des Absatzes (auch Erhaltungswerbung, Erinnerungswerbung)
- Sichern des Marktanteils gegenüber der Konkurrenz (Stabilisierungswerbung)
- Steigerung des Marktanteils (Expansionswerbung)

Nach Festlegung der generellen Ziele werden die speziellen Werbeziele festgelegt, so beispielsweise:

- Bekanntmachen eines neuen Produkts, einer neuen Produktgeneration, einer neuen Marke, beispielsweise bei einer bestimmten Zielgruppe

## 8.3 Die marketingpolitischen Instrumente

- Erhöhung des Bekanntheitsgrads eines/r bereits eingeführten Produkts/Marke
- Beeinflussung des Markenimages in eine bestimmte Richtung (z. B. Modernisierung)
- Umsatzsteigerung in verkaufsschwachen Zeiten bzw. Gebieten.

**Werbeetat**
Die Festlegung der Höhe des Werbeetats oder -budgets gilt als ein grundsätzliches Problem und trägt gleichzeitig maßgeblich zum Werbeerfolg bei. Es reicht nämlich nicht aus, zwei- oder dreimal eine Anzeige zu schalten und auf den Erfolg zu warten. Dieser setzt Kontinuität und einen Werbeplan voraus, der vom Werbeetat abhängig ist. In der Praxis wird das Werbebudget meist aufgrund von Erfahrungssätzen festgelegt. Zu den typischen Methoden zählt beispielsweise, dass ein gewisser Prozentsatz vom Umsatz eingesetzt wird und/oder dass man sich am Etat der Konkurrenz orientiert.

Bei den Herstellern von Markenartikeln beträgt der Werbeetat teilweise 20 % des Umsatzes. Im Durchschnitt werden bei Konsumgüterherstellern 2 bis 5 % des Umsatzes für die Werbung ausgegeben. Der Einzelhandel setzt ca. 2 % seines Erlöses für die Werbung ein. Bei dieser Festlegung können grundsätzliche Probleme entstehen. So beispielsweise wenn sich der Werbeetat nicht an den Marketingzielen orientiert. Sinkt z. B. der Umsatz, wird der Werbeetat automatisch kleiner, obwohl gerade dann verstärkte Werbung notwendig wäre. Es ist u. a. das Ziel der Werbung, die Umsätze und auch die Gewinne der Zukunft zu erhöhen. In umsatzschwachen Zeiten muss folglich besonders geworben werden, um mittelfristig eine Steigerung zu erreichen. Man spricht dann auch von antizyklischer Werbung.

**Die Handelsvertretung und die Werbung der vertretenen Unternehmen**
Wie kann nun die Handelsvertretung die Werbung der vertretenen Unternehmen für ihre eigene Arbeit nutzen? Welche Einflussmöglichkeiten bieten sich an? Eine wichtige Voraussetzung zur Nutzung der Herstellerwerbung ist, dass die Handelsvertretung frühzeitig über die geplanten Werbemaßnahmen informiert ist. D. h., es muss beispielsweise bekannt sein, wann, wo und welche Anzeigen geschaltet werden, mit welchen Kunden eine Werbeaktion geplant ist, welche Werbebriefe versandt werden usw. Nur dann können die Werbemaßnahmen der vertretenen Unternehmen gezielt bei der Kundenansprache eingesetzt werden.

Generell macht die Werbung der vertretenen Unternehmen die Produkte bei den Kunden bekannt. Sie übernimmt sozusagen die Aufgabe des „Vorverkaufens" und unterstützt die Handelsvertretung bei der Zielsetzung, die Produkte zu vertreiben. Durch eine Fachanzeigenserie kann u. a. auch Interesse bei Wunschkunden geweckt und der Handelsvertretung das Entree erleichtert werden. Ähnliches gilt für die Neueinführung von Produkten. So kann die Handelsvertretung die Werbeaussagen beispielsweise in ihrem persönlichen Gespräch mit dem Kunden nutzen, indem auf Fachanzeigen Bezug genommen wird. Auch Direct Mailings müssen in die tägliche Arbeit einbezogen werden, denn ihre Wirkung verpufft, wenn nicht persönlich nachgefasst wird. Geht es z. B. um Endverbraucherwerbung, sollten die Kunden (die Handelsbetriebe) frühzeitig über die Schalttermine informiert und ihnen die beworbenen Produkte angeboten werden.

In der Praxis erlebt man häufig, dass sich die Einflussnahme der Handelsvertretung auf die Werbung der vertretenen Unternehmen nicht einfach gestaltet und u. a. sehr stark von der Größe des vertretenen Unternehmens und den jeweiligen Produkten abhängig ist. Wesentlich für den Erfolg und die Effizienz der eingesetzten Werbung ist die enge Kommunikation zwischen der Handelsvertretung und dem vertretenen Unternehmen. Die Handelsvertretung kennt die Kunden am besten und hält engen Kontakt durch den Informationsaustausch mit dem Markt. Plant ein vertretenes Unternehmen z. B. eine Fachanzeigenkampagne, so sollte die Handelsvertretung prüfen, ob die ausgewählten Fachorgane auch tatsächlich von den meisten ihrer Kunden gelesen werden.

Ebenso muss die Resonanz der Kunden auf diese Anzeigenkampagne geprüft und als Rückkoppelung an die Unternehmen weitergeleitet werden. Sicher können einige wenige negative oder positive Stimmen keine Berücksichtigung bei künftigen Aktionen finden, jedoch kristallisieren sich durch Informationssammlung aus allen Verkaufsbezirken Tendenzen heraus, die zur Konzeptionsanpassung genutzt werden sollten. Gleichzeitig sind für die vertretenen Unternehmen Informationen über die Akzeptanz von Werbemaßnahmen der Konkurrenz von großer Bedeutung.

Wesentlich wird die Einflussnahme, wenn es um die Abstimmung von Einzelaktionen mit bestimmten Kunden geht. Beispielsweise plant im Investitionsgüterbereich ein Hersteller elektronischer Bauteile eine Kooperationswerbung mit einem großen Kunden, indem eine gemeinsame Anzeigenkampagne in Fachorganen vorbereitet wird. Oder ein Konsumgüterhersteller führt gemeinsam mit einem Handelskonzern eine Werbekampagne bei Endverbrauchern durch. Hier müssen individuelle Zielsetzungen berücksichtigt werden, für die die Handelsvertretung aufgrund der guten Kundenkenntnisse ebenfalls wichtige Anregungen geben kann. Es bietet sich also eine Reihe von Einflussmöglichkeiten auf die Werbung der vertretenen Unternehmen. Dies erfordert Engagement und Ausdauer. Je gezielter und nachhaltiger die Werbung eingesetzt wird, desto mehr Erfolg bringt sie der Handelsvertretung und dem vertretenen Unternehmen.

## 8.3 Die marketingpolitischen Instrumente

**Die Handelsvertretung und die eigene Werbung**
Ob es für eine Handelsvertretung sinnvoll ist, klassische Werbung zu betreiben, hängt von der Größe und den anzubietenden Produkten ab. Primär sollte, auch aus Kostengründen, versucht werden, auf die Werbung der vertretenen Unternehmen zurückzugreifen. Die Direktwerbung, also der Einsatz von persönlichen Werbebriefen, sollte unbedingt Berücksichtigung finden. Diese können zur Kundenakquisition ebenso genutzt werden wie auch zur Intensivierung des Kontakts und der Umsätze mit kaufenden Kunden.

Werbebriefe können z. B. Einsatz finden bei der Information bzw. Ankündigung einer neuen Vertretung, eines neuen Produkts, einer Produktverbesserung oder einer neuen zusätzlichen Serviceleistung. Diese Aktionen sollten immer genutzt werden, um kurzfristig telefonisch und persönlich nachzufassen. Nur so kann sich der Erfolg einstellen. Ebenso sollte der Werbebrief persönlich gefasst sein, denn unpersönliche Informationen landen meist im Papierkorb.

Der jeweilige Umfang und die Gestaltung eigener Werbung sind abhängig von dem Sortiment und der Struktur einer Handelsvertretung. Wird beispielsweise nur ein Unternehmen vertreten, so muss eine ganz andere Politik verfolgt werden, als wenn mehrere sich ergänzende Produkte verschiedener Unternehmen vertrieben werden. Im zweiten Fall kann es sinnvoll sein, gezielt Werbung für die Handelsvertretung, die zu vertreibenden Produkte, die Dienstleistungen und die Kompetenz zu machen.

Die Handelsvertretung bietet den Kunden durch die sich ergänzenden Produkte u. a. ein Servicepaket. Dies kann dem Kunden beispielsweise durch Anzeigen in Fachorganen oder Direct Mailings neben anderen Aktivitäten zusätzlich verdeutlicht werden. Eine weitere Möglichkeit der gezielten Werbung bietet sich in der Katalogwerbung, beispielsweise in Messekatalogen.

Werden Anzeigen geschaltet, so sollten diese nicht mit zu vielen Informationen gefüllt sein, sondern die Handelsvertretung sowie ihre Produkte und Serviceleistungen in den Mittelpunkt stellen.

**Grundlagen der Verkaufsförderung**
Das Kommunikationsinstrument „Verkaufsförderung", auch Sales Promotions oder Absatzförderung genannt, soll den Verkauf der Produkte unterstützen. Der Unterschied zur klassischen Werbung liegt darin, dass die Verkaufsförderung direkt am Ort des Verkaufens (Point of Purchase, abgekürzt POP) angewendet wird und grundsätzlich außergewöhnliche Anreize auf die anzusprechenden Personen ausüben soll. Verkaufsförderung und Werbung sind nicht alternativ zu sehen, sondern als sich ergänzende Kommunikationsinstrumente.

Die Verkaufsförderung ist kurzfristig einsetzbar, während bei der Werbung – insbesondere der klassischen Werbung – eine langfristige Planung und Kontinuität Erfolg bringt. Sie ermöglicht auch eine schnelle Reaktion auf Konkurrenzaktivitäten. Trotzdem muss hinter dem Einsatz der Sales Promotions ein klares Konzept stehen. Hier bieten sich viele Einsatzmöglichkeiten und Maßnahmen an. Am sinnvollsten ist es, nach dem anzusprechenden Personenkreis zu differenzieren:

**Kunden-/Händler-Promotions** Sie dienen der direkten Unterstützung des Verkaufens beim Kunden („Reinverkaufen"). Dazu zählen u. a.:

- Durchführung von Schulungen und Informationsveranstaltungen, beispielsweise Messen und Vorführungen; bei Investitionsgütern insbesondere Betriebsbesichtigungen im Sinne von Produktvorführungen oder Vorführungen bei Referenzkunden
- Einsatz von Verkaufshilfen mit Produktinformationen wie Broschüren, Prospekte, Forschungs- und Laborberichte, Kostenvergleiche, Filme, die im Verkaufsgespräch eingesetzt werden können
- Gewährung von Preiszugeständnissen in Form von Naturalrabatten bei Sonderposten, bei Mindestabnahme oder bei der Neueinführung von Produkten
- Bereitstellung der Produkte für einen Test durch den Kunden beispielsweise bei neuen Produkten.

Im Konsumgüterbereich werden die Händler-Promotions auch zur Unterstützung des Verkaufs der Händler an den Endverbraucher eingesetzt („Rausverkaufen"). Hierzu gehören Maßnahmen wie:

- Werbung am Verkaufsort, also das Bereitstellen von Displaymaterial (Aufsteller, Aufkleber, Plakate usw.), der Einsatz von Propagandisten zur Produktdemonstration und Verteilung von Produktproben, Unterstützung bei der Warenpräsentation, Hilfestellung bei der Dekoration. Die POP-Werbung kann man sowohl zur Werbung als auch zur Verkaufsförderung zählen.
- Verkaufswettbewerbe mit Belohnung für herausragende Verkaufsleistungen.
- Verkäuferschulung, diese ist besonders wichtig, wenn es sich um Produkte handelt, die der Erläuterung des Verkäufers bedürfen.

**Verkäufer-Promotions** Hier wird ein Bereich der Verkaufsförderung angesprochen, mit dem die Handelsvertretung in ihrer Funktion als „ausgegliederter

### 8.3 Die marketingpolitischen Instrumente

Außendienst" für ein vertretenes Unternehmen häufig konfrontiert wird. Verkäufer-Promotions dienen der Motivation und der Förderung der Kenntnisse im Verkauf und werden durch die vertretenen Firmen durchgeführt. Hierzu zählen u. a.:

- Wettbewerbe durch Aussetzen von Sonderprämien und/oder Sachpreisen
- Durchführung von Schulungen/Seminaren zur Produktinformation, zum Argumentationstraining usw.
- Bereitstellen von Verkaufshilfen, beispielsweise Warenpräsentationshilfen, Broschüren und Informationsmappen

Handelsvertretungen müssen sich überlegen, ob es nicht auch sinnvoll sein kann, für derartige Maßnahmen eigenes Verkaufspersonal einzusetzen.

**Verbraucher-Promotions** Der Konsumgütermarkt ist heute ohne Verbraucher-Promotions nicht mehr vorstellbar, denn es liegt ein vielfältiges Angebot vor, und den Konsumenten bietet sich eine breite Palette alternativer Produkte an. Folglich müssen die eigenen Produkte besonders hervorgehoben werden, u. a. durch:

- Verteilung von kostenlosen Proben und Gutscheinen
- Angebot der Warenrücknahme, falls das Produkt den Wünschen nicht entspricht
- Preisnachlässe wie Einführungspreise

**Die Handelsvertretung und die Verkaufsförderung des vertretenen Unternehmens**
Der effiziente Einsatz der vom Hersteller zur Verfügung gestellten Verkaufsförderungsmaßnahmen erfordert, genau wie bei der Werbung, eine enge Kommunikation zwischen dem vertretenen Unternehmen und der Handelsvertretung. Nur bei umfassender Information über Inhalt und Zielsetzung der Verkaufsförderungsmaßnahmen sowie fundierter Produktkenntnisse ist der erfolgreiche Einsatz gesichert. Die Rückkoppelung über die Akzeptanz der eingesetzten Maßnahmen sollte von vornherein vorgesehen werden.

Im Bereich der Sales Promotions werden einige Maßnahmen in enger Zusammenarbeit zwischen Unternehmen und Handelsvertretung durchgeführt. Hierzu gehören u. a. die Kunden- und die Verkäuferschulung. Insbesondere, wenn diese Aktionen gebiets- oder kundenbezogen durchgeführt werden, sollte die Handelsvertretung unbedingt beteiligt sein oder gar die Veranstaltung allein durchführen. Durch diese Maßnahmen wird dem Kunden oder dessen Verkäufern ein fundiertes

Wissen über das vertretene Produkt vermittelt. Im Konsumgütermarkt werden damit die Identifikation des Verkäufers und die Chance des „Hinausverkaufens" an den Verbraucher erhöht.

Bei Investitionsgütern stehen die Produktinformation und das Wissen um Vor- und Nachteile der Produkte sowie deren Einsatzmöglichkeiten im Vordergrund. Insbesondere in diesem Markt werden häufig Betriebsbesichtigungen und Produktvorführungen im Unternehmen selbst oder bei Referenzkunden durchgeführt. Damit hat man auch die Möglichkeit, den Qualitätsstandard der Produkte in Verbindung mit der Produktion zu demonstrieren.

Handelt es sich z. B. um größere Maschinen, so können diese im Einsatz präsentiert werden, was an einem anderen Ort oft gar nicht möglich ist. Die Demonstration bei Referenzkunden hat den Vorteil des praxisbezogenen Einsatzes. Durch die Teilnahme der Handelsvertretung bzw. durch die Durchführung derartiger Veranstaltungen besteht die Möglichkeit, sich persönlich zu profilieren und den Kontakt zum Kunden zu intensivieren.

Gerade im Konsumgüterbereich kommt neben dem persönlichen Einsatz bei der Verkaufsförderung auch dem Engagement im Handel selbst eine besondere Bedeutung zu. Es reicht nicht aus, dem Händler z. B. Displaymaterial oder Dekorationshilfen zur Verfügung zu stellen. Oft werden diese nämlich nicht entsprechend präsentiert und gehen in der Menge der Konkurrenzangebote unter. Um die Marktposition auszubauen und den Verkauf der Produkte zu fördern, müssen sich diese klar von der Konkurrenz abheben. Die Handelsvertretung sollte im persönlichen Kontakt mit dem Kunden versuchen, die Präsentationssysteme und die Ware im Schaufenster oder auch im Verkaufsraum optimal darzustellen. Ebenso gilt es, bei Werbeaktionen dafür zu sorgen, dass die Produkte ausreichend auf Lager sind und der Erfolg nicht an einem Mangel an Ware scheitert.

**Die Handelsvertretung und die eigene Verkaufsförderung**
Mit den Verkaufsförderungsmaßnahmen kann durch gezielten Einsatz eine Menge erreicht werden. Jedoch bietet nicht jeder Hersteller ausreichende Verkaufsförderungsmittel. Hier können die Handelsvertretungen einerseits versuchen, Anregungen zu geben, welche Maßnahmen sich im Markt erfolgreich einsetzen lassen, andererseits auch Eigeninitiative ergreifen. Dadurch ergeben sich viele Möglichkeiten, die eigenen Aktivitäten durchzusetzen und sich zu profilieren. Die wichtigsten sind:

- produktbezogene Kundenschulung/Information
- Verkäuferschulungen
- schriftliche Produktinformationen

- Darstellung der eigenen Leistung
- persönlicher Einsatz bei der Warenpräsentation, im Verkauf

Sind beispielsweise keine ausreichenden Produktinformationen (Broschüren, Prospekte usw.) vorhanden, so sollten diese entwickelt werden. Die Information sollte kurz, prägnant und sachlich gefasst sein. Es ist einzugehen auf die Art der Produkte, eventuell auf technische Daten, die Produktvorteile, die Einsatzgebiete usw. Vertreibt die Handelsvertretung mehrere, sich ergänzende Produkte, so liegt es nahe, eine Broschüre über das Leistungsprogramm zu erstellen. Der Kunde muss aus dieser Information entnehmen, welche Produkte die Handelsvertretung führt (kurze Beschreibung), und welche Leistungen zusätzlich angeboten werden. Je nach Umfang und Gestaltung gilt es zu überlegen, eine Werbeagentur und/oder einen Grafiker hinzuzuziehen. Gleichzeitig ist zu bedenken, in welchem Rahmen es sinnvoll erscheint, für die Kunden selbstständig Schulungen, Informationsveranstaltungen und Ausstellungen durchzuführen.

Im Konsumgütermarkt kommt der Verkaufsförderung durch den persönlichen Einsatz im Verkauf beim Kunden eine besondere Bedeutung zu. Auf diesem Wege kann die Handelsvertretung Produkte beim Abverkauf forcieren und gleichzeitig eine Marktanalyse betreiben. Denn man erfährt einiges über die Reaktion der Kunden auf die angebotenen Produkte und die der Konkurrenz. Außerdem sollte die Handelsvertretung versuchen, die Maßnahmen der vertretenen Unternehmen mit den eigenen Aktivitäten abzustimmen, um so eine möglichst große Effizienz im Markt zu erreichen.

**Grundlagen der Public Relations**

Im Gegensatz zu den bisher besprochenen Kommunikationsinstrumenten Werbung und Verkaufsförderung richten sich die Public Relations nicht primär auf die Förderung des Absatzes. Ziel der Public Relations (PR), auch Öffentlichkeitsarbeit genannt, sind die systematische Pflege der Beziehungen zur Öffentlichkeit, um damit Vertrauen und positive Meinung zu schaffen, sozusagen einen Goodwill. Angesprochen werden dabei alle Personen und Institutionen, die mit dem Unternehmen direkt oder indirekt in Berührung kommen, also die aktuellen und potenziellen Kunden, die Abnehmer der Kunden, die Lieferanten, die Endverbraucher/Verbraucher, die Mitarbeiter usw. Durch das mithilfe der Public Relations erreichte positive Bild (Image) des Unternehmens und seiner Tätigkeiten sind die Unternehmens- oder Marketingziele wie Neukundengewinnung und Umsatzsteigerung, das Gewinnen von guten Mitarbeitern usw. wesentlich leichter zu realisieren als mit einem schlechten Image. Ebenso wirken die Verkaufsargumentationen und die Werbemaßnahmen bei einem positiven Image glaubwürdiger.

Neben allen Marketingmaßnahmen, die bisher angesprochen wurden, sind also die Public Relations ein wichtiges Instrumentarium zur Schaffung und Unterstützung eines positiven Images. Das Image umfasst jedoch wesentlich mehr als das, was mittels der Public Relations erreicht werden kann. Es bezieht sich letztendlich auf alle Marketingleistungen. Folgende Ziele können durch Public Relations-Maßnahmen erreicht werden:

- Übermittlung von Informationen nach innen, d. h. innerhalb des Unternehmens, und nach außen, d. h. gegenüber der Öffentlichkeit
- Aufbau und Sicherung von Verbindungen zu allen für das Unternehmen wichtigen Bereichen, wie aktuelle und potenzielle Kunden, Lieferanten usw.
- Aufbau, Änderung und Pflege des Unternehmensbildes (Image) in der Öffentlichkeit bzw. bei kompetenten Personen
- Aufbau und Bewahrung eines einheitlichen Bildes bzw. Stils des Unternehmens nach innen und nach außen – heute und zukünftig
- Anerkennung in der Öffentlichkeit und damit Förderung des Verkaufs

Zur Durchsetzung dieser Ziele gibt es verschiedene Mittel, wie:

- Aufbau und Pflege des Kontakts zu Journalisten von Presse, Funk und Fernsehen zur Weitergabe von allgemeinen und exklusiven Informationen, Veranstaltung von Pressekonferenzen, Interviews, PR-Anzeigen usw.
- Einrichtung von Stiftungen, Nachwuchsförderung oder Preisverleihungen
- PR-Veranstaltungen wie z. B. in Verbindung mit der Nachwuchsförderung, die Veranstaltung eines Balls zur Verleihung des Preises oder ein Wohltätigkeitsfest
- Bau von Sportstätten und Unterstützung von Vereinen
- Durchführung von Betriebsbesichtigungen und ähnlichen Veranstaltungen für die Öffentlichkeit, Herausgabe von Firmen- bzw. Jubiläumsschriften
- Engagement von Meinungsführern wie z. B. im Sport durch Sponsorenverträge

Ein weiterer, wichtiger Aspekt in Verbindung mit den Public Relations ist die Präsentation eines einheitlichen, klaren Images. Dies wird häufig bei Unternehmensgruppen problematisch, wenn es um die Schaffung einer einheitlichen und prägnanten Unternehmenspersönlichkeit geht. Leicht entsteht eine verwirrende Vielfalt von Firmen- und Produktnamen, die teilweise durch ein uneinheitliches Design verstärkt wird. Die Zielsetzung, eine Unternehmensgruppe, aber auch ein kleineres Unternehmen nach außen einheitlich zu präsentieren, bezeichnet man als Corporate Identity (CI).

Bei allen PR-Aktivitäten gilt es zu berücksichtigen, dass die PR-Ziele nur zu erreichen und langfristig zu sichern sind, wenn die Öffentlichkeitsarbeit auf Tatsachen beruht. Dennoch können Konfliktfelder entstehen, denkt man beispielsweise an die Probleme der chemischen Industrie im Hinblick auf den Umweltschutz.

**Die Handelsvertretung und die Public Relations des vertretenen Unternehmens**
Es wurde deutlich, dass der Goodwill, der einem vertretenen Unternehmen entgegengebracht wird, auch für die tägliche Arbeit einer Handelsvertretung sehr wichtig ist. Vom Vertrauen und der positiven Meinung der Kunden hängt u. a. auch der Erfolg der Zusammenarbeit mit den Marktpartnern ab. Gleichzeitig muss die Handelsvertretung Informationen über ihr Image besitzen, um es sinnvoll in der Zusammenarbeit mit ihren Partnern zu nutzen. Dabei helfen die Informationen der vertretenen Unternehmen. Größere Unternehmen führen beispielsweise Imageanalysen durch. Über deren Ergebnisse sollte die Handelsvertretung grob Bescheid wissen. Andererseits kann sie sich diese Informationen teilweise selbst besorgen, z. B. durch das Feedback in Kundengesprächen. Ferner sollte die Handelsvertretung auch an die Weitergabe dieser Marktinformationen an ihre vertretenen Unternehmen denken. Denn die Kommunikationspolitik lebt, wie es der Name bereits sagt, von der Kommunikation.

**Die Handelsvertretung und die eigene Public Relations**
Neben der Öffentlichkeitsarbeit der vertretenen Unternehmen darf die Handelsvertretung ihre eigene nicht vernachlässigen. Ähnlich wie bei der Verkaufsförderung besteht durch die Öffentlichkeitsarbeit die Möglichkeit, sich zu profilieren. Ziel ist es, mithilfe der Public Relations das durch die Marketingaktivitäten geschaffene positive Bild im Markt zu forcieren. Welche Maßnahmen im Einzelnen ergriffen werden können, hängt von der Branche und den Produkten ab. Ist die Handelsvertretung beispielsweise im Sportmarkt tätig, so könnte sie unter Umständen Vereine sponsern bzw. Mitglied sein. Kontakte zur Fach- und Regionalpresse sind zu pflegen sowie die Teilnahme und Förderung von branchenspezifischen Veranstaltungen anzustreben.

Zur aktiven Gestaltung des Erscheinungsbildes tragen u. a. einheitliche Briefbögen, Visitenkarten, Rechnungen usw. bei. Das gleiche gilt für die Präsentation auf Messen bzw. in der Öffentlichkeit. Hier spielen u. a. optische Mittel wie

Design, Farbe usw. eine besondere Rolle. Der Firmenname und eventuell ein Slogan zählen ebenfalls dazu.

Zur Verdeutlichung der Leistung in der Öffentlichkeit sollte die Handelsvertretung, genau wie ihre vertretenen Unternehmen, Kontakte mit der Fachpresse pflegen. So können beispielsweise Fachberichte über Neuentwicklungen im Markt oder Marktperspektiven erarbeitet und persönlich an die Presse weitergeleitet werden. Ebenso ist es möglich, dass Informationen über Firmenjubiläen und neue Mitarbeiter Interesse finden. Je nachdem, in welchem Markt die Handelsvertretung tätig ist, und wie groß der Betrieb ist, sollte sie auch Kontakt zur regionalen Presse halten.

**Persönliche Kommunikation**
Die persönliche Kommunikation – der persönliche Verkauf, auch Personal Selling genannt – bezieht sich auf den persönlichen Einsatz im Kontakt mit dem Kunden. Dabei haben die Handelsvertretungen beispielsweise die Möglichkeit, den Kunden durch geschickte Gesprächsführung positiv für ihre Produkte zu stimmen, erhalten andererseits jedoch gleichzeitig ein direktes Feedback und gewinnen Informationen über die eigenen Produkte, die Konkurrenzprodukte und die Marktsituation.

Der persönliche Verkauf kommt im persönlichen Gespräch mit dem Kunden vor Ort ebenso zum Einsatz wie beim telefonischen Kundenkontakt. Die gezielte Anwendung des Telefonmarketing gilt als genauso wichtig wie die richtige Gesprächsführung mit dem Kunden vor Ort.

Der persönliche Verkauf ist also ein sehr interessantes Marketinginstrument, das sinnvoll und effizient eingesetzt werden muss, denn gleichzeitig zählt es zu den teuersten Instrumenten. Seine Bedeutung nimmt mit der Erklärungsbedürftigkeit der Produkte zu. Hier ist die Beratungs- und Überzeugungsleistung gefordert. Zu den wesentlichen Aufgaben des persönlichen Verkaufs zählen:

- die Informationsgewinnung über Kunden durch das Auffinden von potenziellen Kunden sowie die Ermittlung des Bedarfs bei aktuellen und potenziellen Kunden
- der Kundenauftrag durch Kontaktaufnahme und Angebotsabgabe (ggf. auch der Kaufabschluss)
- die Pflege der Beziehungen zu bestimmten Kunden
- die Verkaufsunterstützung durch Beratung, Warenpräsentation, Kunden- und Verkäuferschulung usw.

## 8.3 Die marketingpolitischen Instrumente

- die Image-Bildung durch Wirkung, Ausstrahlung und Leistung des vertretenen Unternehmens, der angebotenen Produkte und der Handelsvertretung
- die logistische Funktion durch optimale Warenverteilungen, Lager- und Regalservice usw.

Zum Erfolg des persönlichen Verkaufs tragen mehrere Faktoren bei:

- die Person des Verkäufers, d. h. seine Überzeugungskraft, Flexibilität und Kommunikationsfähigkeit
- der Kontakt des Verkäufers zum Kunden, d. h. die „gemeinsame Wellenlänge"
- die Fähigkeit, individuell auf den Kunden einzugehen
- die Aktionen und Handlungen des Verkäufers, d. h. die Beeinflussung des Gesprächs durch Verkaufspsychologie und -taktik, damit es zum erfolgreichen Abschluss kommt; hierzu zählen auch Präsentationshilfen, der Rahmen und die Gestaltung der Präsentation usw.
- das positive Image, d. h. die Glaubwürdigkeit, Zuverlässigkeit, Kompetenz, Leistungsfähigkeit usw. des vertretenen Unternehmens, der angebotenen Produkte und der Handelsvertretung

Da der persönliche Verkauf aufwendig ist, besteht die Notwendigkeit, unter Zeit- und Kostengesichtspunkten die Intensität und Zielrichtung des persönlichen Verkaufs zu planen und zu koordinieren. Eine wichtige Voraussetzung ist die Einteilung der Kunden nach ihrer Bedeutung, beispielsweise die Einteilung nach A-, B- und C-Kunden.

Bedingt durch den verschärften Wettbewerb, die Entwicklungen neuer Vertriebswege, aber auch den verstärkten Einsatz der neuen Medien, die wiederum die Kommunikation unpersönlich werden lassen, heißt es für die Handelsvertretung, die persönliche Kommunikation gezielt einzusetzen und sich damit zu profilieren. Aufgabe der Kommunikationspolitik ist es, die Marktpartner zu beeinflussen und das Unternehmen im Markt zu „positionieren". Es soll eine unverwechselbare Identität im Wettbewerbsraum geschaffen werden. Dafür stehen beispielsweise die typischen Signale eines Betriebes, wie Namen, Farben, Logo und Slogan, zur Verfügung.

Kommunikationspolitik darf keine einmalige Angelegenheit sein, sondern muss zur Daueraufgabe werden. Nur so ist ein Unternehmen bei den Marktpartnern bekannt zu machen und kann der Bekanntheitsgrad erhalten und gesteigert werden. Die kommunikativen Aktivitäten müssen im Kommunikationsmix aufeinander abgestimmt werden. Für die Handelsvertretung bedeutet dies, beispielsweise die richtige Mischung zu finden aus:

- persönlichen Besuchen beim Kunden
- Telefonaten mit dem Kunden
- Direct Mailings

Ein Zusammenhang ergibt sich dann z. B. durch die Planung von Vorbereitungsaktionen (die telefonische Verabredung eines Besuchstermins) und Nachfassaktionen (das Übersenden von Info-Material nach einem persönlichen Besuch). Bei der Planung und der Konzeption der Kommunikationsmaßnahmen darf nicht vergessen werden, dass man durch diese Aktivitäten gleichzeitig Marktinformationen erhält. Diese Tatsache macht die Kommunikationspolitik noch wertvoller.

Um die Kommunikationsinstrumente effizient einzusetzen, müssen diese auf die geplanten Aktivitäten in allen Marketinginstrumenten abgestimmt sein. Dies gilt sowohl für die Planung der vertretenen Unternehmen als auch für die eigene Planung. Außerdem sollte die Handelsvertretung einen Aktions- bzw. Jahresplan als Rahmen für ihre Aktivitäten anfertigen. Hier gilt es zu überlegen, welche Aktivitäten im Einzelnen ergriffen werden können. Dabei ist natürlich die Realisierbarkeit im Sinne des einzusetzenden Personals und der entstehenden Kosten zu berücksichtigen. Diesen Rahmen müssen bei Marktveränderungen und kurzfristig notwendigen Reaktionen den Konkurrenzaktivitäten angepasst und mit Details gefüllt werden.

**Online-Marketing**
Die meisten Kunden lassen sich mittlerweile über das Internet erreichen. Daher kommt dem Online-Marketing eine immer größere Bedeutung zu – sowohl für die Industriebetriebe als auch für die Handelsvertretungen. Teilgebiete des Online-Marketings sind neben der Internetwerbung:

- Suchmaschinen-Marketing (gezielt geschaltete Suchmaschinenwerbung zur Kundenakquise)
- E-Mail-Marketing (Marketing mittels E-Mail)
- Social-Media-Marketing (Nutzung von Social-Media-Plattformen wie Twitter, Facebook),
- Affiliate-Marketing (Nutzung von Partnern; Verteilung des Aufwandes).

Die Vorteile des Online-Marketings sind:

- Schnelligkeit
- direkte interaktive Dialogfähigkeit in Echtzeit
- schnelle Aktualisierung
- direkte Erfolgskontrolle

Zentrales Instrument beim Online-Marketing ist die eigene Homepage. Daher ist es besonders wichtig, die Unternehmenswebsite ansprechend und professionell zu gestalten. Sie gehört mehr und mehr zu den „Visitenkarten" eines Betriebes; daher entscheidet auch der erste Eindruck darüber, ob der Besucher sich näher informiert und sich für Produkte und Leistungen interessiert.

## 8.4 Marketingkonzeption

In den vorausgegangenen Abschnitten wurden die Grundlagen des Marketings aufgezeigt. Daraus ergibt sich, dass Marketing marktorientiertes Denken und Handeln ist und auch im Mittelpunkt der täglichen Aktivitäten einer Handelsvertretung stehen sollte. Außerdem wurden die Aufgaben und Inhalte der vier Marketinginstrumente dargestellt:

- Produkt- und Sortimentspolitik
- Preis-/Konditionenpolitik
- Distributionspolitik
- Kommunikationspolitik

sowie die Marketingforschung als Informationssystem des Marketings. Zur erfolgreichen Marktbearbeitung müssen die Marketingaktivitäten einerseits auf die Erfordernisse des Marktes und andererseits auf das intern Realisierbare abgestimmt werden. D. h., die einzelnen Marketinginstrumente sind individuell zu gewichten und aufeinander auszurichten. So entsteht dann der Marketingmix, zugeschnitten auf die speziellen Erfordernisse eines Unternehmens.

Grundvoraussetzung hierfür ist, dass dem unternehmerischen Handeln auch eine unternehmensindividuelle Marketingkonzeption zugrunde liegt. Denn die Möglichkeiten, die die Märkte bieten, und das Instrumentarium, das für die Marktbearbeitung genutzt werden kann, sind sehr komplex und sehr vielfältig. Daher müssen Handlungsanweisungen festgelegt werden, muss ein „Fahrplan" vorhanden sein, an dem sich das Unternehmen bei seinen Marktaktivitäten orientieren kann. Nichts anderes als ein solcher Handlungsplan ist eine Marketingkonzeption. Sie beinhaltet:

- die Unternehmens- und Marketingziele (= Leitideen und Richtgrößen)
- die Marketingstrategien (= grundlegender Handlungsrahmen)
- das Marketingmix (= individueller Einsatz der Marketinginstrumente)

Ein solches Marketingkonzept ist der „rote Faden", an dem ein Unternehmen seine Marketingaktivitäten orientiert, und bildet somit auch den längerfristigen Orientierungsrahmen. Dies bedeutet jedoch nicht, dass das Konzept starr und unbeweglich sein soll. Vielmehr sind regelmäßige Kursüberprüfungen notwendig und werden auch Kurskorrekturen durch marktliche Veränderungen notwendig sein.

Gerade für Handelsvertretungen sind solche Veränderungen von der Leitlinie in der Praxis eher die Regel. Gründe hierfür gibt es viele. So können beispielsweise Kunden neue Anforderungen an die Produkte legen, vertretene Unternehmen ihr Produktionsprogramm ändern, Vertretungen wegfallen usw. Trotz dieser notwendigen Kursabweichungen sind jedoch die Unternehmen im Vorteil, die ein Marketingkonzept besitzen, gegenüber denjenigen, deren Handeln durch Aktionen im Tagesgeschäft bestimmt wird. Ihr Vorgehen ist eher kurzfristiger Natur und mehr oder weniger von Willkür geprägt. Im Mittelpunkt der Überlegungen steht die Planung. Dabei gilt es zu unterscheiden zwischen:

- kurzfristiger Planung: bis 6 Monate oder maximal ein Jahr
- mittelfristiger Planung: bis 3 Jahre
- langfristiger Planung: mehr als 3 Jahre

Zur Erstellung einer Marketingkonzeption muss zunächst eine Grobplanung vorgenommen, muss festgelegt werden, welche Ziele mit welchen Maßnahmen im aktuellen und zukünftigen Markt erreicht werden sollen. Dabei sind bestimmte Bedingungen, die durch den eigenen Unternehmensrahmen und die Umwelt vorgegeben sind, zu berücksichtigen. Hierzu zählen beispielsweise die finanziellen und personellen Möglichkeiten ebenso wie die Gegebenheiten in den vertretenen Unternehmen und die Konkurrenzsituation. Bei der Festlegung der Ziele gilt es, sich am Machbaren zu orientieren.

Damit überhaupt die Maßnahmen und Aktivitäten festgelegt werden können, mit denen die Ziele erreicht werden können, geht es bei der Handelsvertretung zunächst darum, die eigene Situation zu analysieren. Es muss festgestellt werden,

## 8.4 Marketingkonzeption

welche Position im Konkurrenzumfeld mit den Produkten eingenommen wird und welche Chancen sich beispielsweise zur Steigerung des Umsatzes bieten.

Begonnen wird also mit der Marketingforschung: Analyse des sekundärstatistischen Materials (Sekundärforschung) und Analyse des Marktes, insbesondere aktuellen und potenziellen Kunden (Primärforschung). Nach Abschluss dieser Analyse gilt es, die Ziele den gegebenen Marktverhältnissen anzupassen und aufgrund der vorliegenden Informationen die wichtigsten Marketingmaßnahmen festzulegen. Ausgangspunkt bildet dabei die Frage nach den Märkten, die bearbeitet, und nach Produkten, die abgesetzt werden sollen. Vier generelle Alternativen lassen sich dabei unterscheiden:

- Erhöhung des Absatzes vorhandener Produkte auf vorhandenen Märkten
- Erweiterung des Marktes für vorhandene Produkte
- neue Produkte für vorhandene Märkte
- neue Produkte für neue Märkte (Diversifikation)

Nach Entscheidung für eine dieser Alternativen werden die Zielsetzung und die wichtigsten Marketingmaßnahmen festgelegt, beispielsweise:

- Festlegung der vertretenen Produkte und Einteilung nach Typen bzw. Gruppen und Preisklassen
- Festlegung der anzusprechenden Kunden, Einteilung nach Zielgruppen, Abgrenzung der zu beliefernden Märkte

Anschließend werden die detaillierten Entscheidungen getroffen, beispielsweise:

- Entscheidungen über spezielle Modelle, Breite und Tiefe des Sortiments
- Zusatzangebot von Serviceleistungen als Ergänzung zum Produktprogramm

Als nächstes gilt es, den Verkaufsplan aufzustellen: Wo wird was, an wen, in welcher Menge, zu welchem Preis, mit welchen Kosten verkauft? Bei dieser Planung muss zwischen kurz- und mittelfristiger Planung unterschieden werden: Welcher Umsatz ist kurzfristig mit welchen Kunden und welchen Produkten zu tätigen, und welche Zielsetzung haben wir innerhalb der nächsten 3 Jahre bezüglich der Kunden, Wunschkunden und deren Umsätze? Nach Festlegung dieser kurz- und mittelfristigen Verkaufsplanung sind Maßnahmenpläne zur kurzfristigen Umsetzung zu erstellen. Beispielsweise sollten folgende Überlegungen angestellt werden:

- Planung des Einsatzes des Handelsvertreters und seiner Mitarbeiter
- Planung des Kundendiensts und der anzubietenden Serviceleistungen
- Festlegung der Werbeaktivitäten (Werbeplan)
- Festlegung der Verkaufsförderungsmaßnahmen und deren Timing usw.

Nach Planung all dieser Maßnahmen muss jetzt die logistische Produktverteilung geplant werden. Vielfach ist die Handelsvertretung hiervon nicht betroffen, da diese Produktverteilung durch die vertretenen Unternehmen wahrgenommen wird. Trotzdem sollte die Handelsvertretung sich über deren Verbesserung Gedanken machen. Dies gilt insbesondere für den Kenntnisstand über die Auslieferung usw.

Die Marketingkonzeption kann nur mittel- und langfristig erfolgreich sein, wenn die eingeleiteten Maßnahmen regelmäßig überprüft werden. Im Rahmen dieser Kontrolle werden die Zielvorgaben mit den erreichten Istwerten verglichen. Beispielsweise könnte das Marketingziel lauten, den Umsatz innerhalb eines Jahres um 5 % zu steigern. Tatsächlich wurde jedoch eine Steigerung um 2 % erreicht. Folglich gilt es dann zu prüfen, woran es gelegen hat. Der dargestellte Kreislauf der Entwicklung einer Marketingkonzeption und einer Marketingplanung beginnt dann von neuem.

Der Erfolg eines Unternehmens, das unter dem Leitgedanken des Marketings im Markt agiert, liegt also nicht nur in der einmaligen Festlegung einer Marketingkonzeption, sondern ganz wesentlich in der permanenten Überprüfung und Anpassung. In Abb. 8.4 ist die Entwicklung eines Marketingkonzepts noch einmal zusammengefasst dargestellt.

## 8.4 Marketingkonzeption

**Abb. 8.4** Entwicklung eines Marketingkonzepts

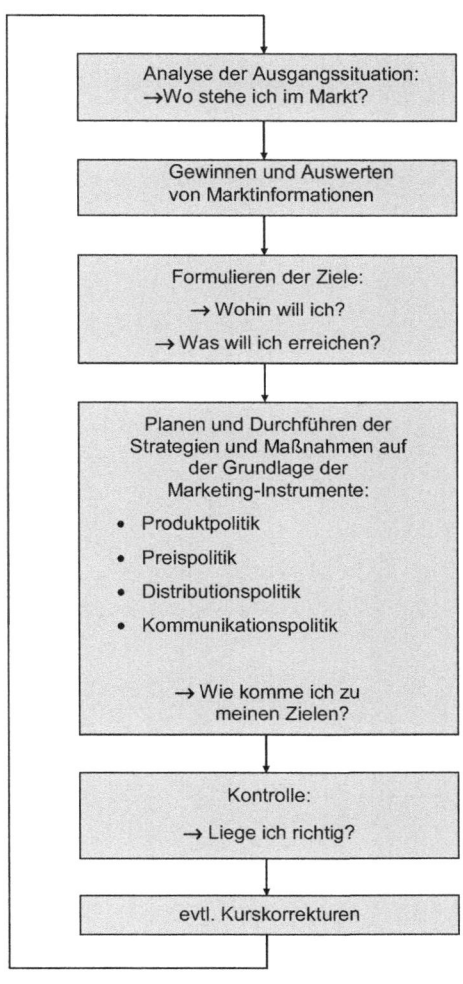

# Baustein 9: „Neue Qualität im Vertrieb" – Mit dem Schnelltest zu den Stärken und Schwächen einer Handelsvertretung

▶ Die Industriebetriebe erhöhen bei ihren Vertriebspartnern zunehmend den Druck, bei der Marktbearbeitung und der Kundenpflege noch professioneller zu arbeiten. Vermehrt macht auch bei den Handelsvertretungen das Schlagwort von der „neuen Qualität im Vertrieb" die Runde. Daher sollte ein permanenter Prozess in Gang gesetzt werden, der Antworten auf die Fragen gibt: „Wo stehen wir heute, wo wollen wir hin und was können wir verbessern?" Die Beantwortung kann mithilfe verschiedener Schnelltests vorgenommen werden, die nachstehend aufgeführt sind. Der Handelsvertreter kann somit überprüfen, ob sein Vertretungssortiment noch den Ansprüchen genügt, seine Marktstrategien und Marktbearbeitung optimal sind, das Verhalten seiner Mitarbeiter und sein Führungsstil angemessen sind und die betrieblichen Rahmenbedingungen zeitgemäß sind.

Mehr und mehr erkennen die Industriebetriebe, dass dem Vertrieb eine noch entscheidendere Rolle zukommt. Damit erhöht sich der Druck, bei der Marktbearbeitung und der Kundenpflege noch professioneller zu arbeiten. Denn die Kunden werden immer kritischer und souveräner, was verstärkt dazu führt, dass selbst langjährige Stammkunden zur Konkurrenz wechseln. Um eine optimale Marktbearbeitung zu erreichen, sollten auch in jeder Handelsvertretung folgende Fragen gestellt werden: „Wo stehen wir heute, wo wollen wir hin?" „Wo liegen unsere Stärken?" „Was können wir verbessern?" Ansatzstellen gibt es in Hülle und Fülle: Mithilfe der folgenden Checklisten (Abschn. 9.1 bis 9.6) können sie herausgearbeitet werden. Jeder Handelsvertreter kann somit den Schnelltest machen.

Um den derzeitigen Status der Wettbewerbsposition beurteilen zu können, sind in einer Handelsvertretung folgende Bereiche zu betrachten:

- Vertretungssortiment
- Marktposition und Marktstrategien
- Marktbearbeitung
- Mitarbeiter
- Geschäftsführung/Führungssystem
- betriebliche Rahmenbedingungen

Beim Vertretungssortiment (Schnelltest 1, Abschn. 9.1) ist zu prüfen, wie weit die Produkte, die die Handelsvertretung anbietet, den heutigen und zukünftigen Ansprüchen der Kunden genügen. Dabei spielen nicht nur das Produkttechnische eine wichtige Rolle, sondern auch der kundenspezifische Produktnutzen und vor allem der Preis. Da bei vielen Produkten die technologischen Möglichkeiten ausgereizt sind, werden ästhetische und ökologische Aspekte bei den Produkten immer wichtiger. Seine Wettbewerbsstärke erzielt eine Handelsvertretung bekanntlich durch eine Bündelung von Produkten, die zueinander komplementär oder miteinander verwandt sind. Insbesondere anhand der Problemlösungsorientierung des Vertretungssortiments wird eine Handelsvertretung gemessen. Das zusammenhängende Sortiment aus einer Hand zeigt auch den Spezialisten.

Beim Urteil über die Marktposition und die Marktstrategien der eigenen Handelsvertretung (Schnelltest 2, Abschn. 9.2) gilt es, sich ein Bild darüber zu machen, welche Grundsatzregelungen mittel- oder längerfristig geltender Art bestehen oder ob die strategische Ausrichtung mehr oder weniger dem Zufall überlassen wird. Bei einer strategischen Ausrichtung wird den konkreten Maßnahmen eine einheitliche Ausrichtung gegeben (z. B. bei einer Nischenstrategie) und der gesamte Marktauftritt erhält eine gewisse Kontinuität.

Ein breites Feld, um zu einer „neuen Qualität" zu kommen, öffnet sich bei der Überprüfung der Marktbearbeitung (Schnelltest 3, Abschn. 9.3). Hier müssen alle Stellschrauben betrachtet werden, um die Aktivitäten optimieren zu können. Dazu gehört es beispielsweise, den Umgang mit den bestehenden Kunden zu verbessern und die Marktchancen durch die Neukundenakquisition zu erhöhen. Von den Prozessen im Vertrieb (z. B. Tourenplanung, Kundenbetreuung, Angebotsbearbeitung, Reklamationsbearbeitung) über den Einsatz der Werbemittel bis hin zum Erscheinungsbild der Handelsvertretung sollte alles unter die Lupe genommen werden. Auch produktbegleitende Dienstleistungen spielen eine immer größere Rolle, ebenso der After-Sales-Service.

Die Rolle des Menschen als zentraler Erfolgsfaktor im Vertrieb steht außer Frage und wird auch durch den Einsatz neuer Medien kaum geschmälert. Um vor allem langfristige Kundenbindungen zu entwickeln, wächst die Bedeutung des Faktors Mensch in erfolgreichen Vertriebsprozessen. Ist andererseits das Mitarbeiterverhalten mangelhaft, können Kundenverluste die Folge sein. Für viele Kunden drückt sich also die Identität eines Betriebes in der Person seiner Vertriebsmitarbeiter aus. Die Beurteilung der Mitarbeiter (Schnelltest 4, Abschn. 9.4) – sowohl im Innendienst als auch im Außendienst – ist ebenfalls eine bedeutende Aufgabe, um die Wettbewerbsstärke der eigenen Handelsvertretung einordnen zu können. Dabei reichen die Parameter vom Personaleinsatz, über die Motivation und Organisation, bis hin zur Entlohnung. Auch in diesem Bereich lässt sich eine Fülle von Verbesserungsmaßnahmen herauskristallisieren. Im Kundengespräch muss der Mitarbeiter durch Wissen über die eigenen Produkte, den Markt und das Geschäft des Kunden rundum überzeugen.

In kleinen und mittleren Unternehmen ist bekanntlich der Geschäftsinhaber besonders dominierend, da nahezu alle Funktionsbereiche auf ihn abgestellt sind. Aber gerade im Vertrieb sind Führungskräfte oft in erheblicher Weise in das tägliche Geschäft eingebunden und stehen vor der Wahl, sich Zeit für alle möglichen Führungsaufgaben oder für den Kunden zu nehmen. Da sich diese Frage meistens zugunsten der Kunden entscheidet, kommen marktstrategische Überlegungen, der berühmte „Blick über den Tellerrand" und auch die Mitarbeiterführung meistens zu kurz. Um die Wettbewerbsposition einer Handelsvertretung zu betrachten, darf die Beurteilung der Geschäftsführung (Schnelltest 5, Abschn. 9.5) oder die Selbsteinschätzung der eigenen Führungskompetenz – auch wenn dies nicht ganz einfach ist – nicht fehlen. Kritisch in Augenschein genommen werden sollten hier vor allem die Kompetenzanforderungen (z. B. Fachwissen, Fähigkeiten) an die Führungsperson und die Anwendung der Führungsinstrumente (z. B. Delegation, Organisation).

Abgerundet wird dieser Schnelltest über die Positionierung einer Handelsvertretung im Markt und den Ansatzstellen zu Verbesserungsmaßnahmen mit der Beurteilung der betrieblichen Rahmenbedingungen (Schnelltest 6, Abschn. 9.6). Hier sollte beispielsweise gefragt werden, ob die finanziellen Voraussetzungen gegeben sind, um die neuen Herausforderungen meistern zu können, ob die Geschäftsausstattung auf dem Stand der technischen Entwicklung ist oder ob die in der mittelständischen Wirtschaft bedeutende Frage der Unternehmensnachfolge geregelt ist. Auch in diesen Bereichen kann das eine oder andere krisenfester gemacht werden.

> **So nutzen Sie den Schnelltest:**
>
> - Bewerten Sie Ihre eigene Situation im Vergleich zu einem denkbaren Optimum, z. B. dem Marktdurchschnitt oder einem Ihrer Wettbewerber oder Kollegen, den Sie kennen. Wichtig ist, dass Sie die Bewertung so objektiv wie möglich durchführen.
> - Ihre Angaben bei den einzelnen Qualitätsmerkmalen stellen eine Sammlung wichtiger Daten über Ihre Handelsvertretung dar. Sie verschaffen Ihnen – wenn die Antworten ehrlich gegeben werden – einen ersten und umfassenden Eindruck darüber, wie Ihr Betrieb im Wettbewerb dasteht. Ob Sie mit den Ergebnissen für die einzelnen Qualitätsmerkmalen zufrieden sind, hängt von Ihren subjektiven Vorstellungen ab.
> - Ihre Handelsvertretung sollte immer – oder zumindest in den wichtigen Positionen – über dem Durchschnitt (Kreuzchen im mittleren Kreis; Schulnote 3) liegen. Ist dies nicht der Fall, ist hier ein Gefährdungspotenzial zu sehen und Sie sollten unter allen Umständen Abhilfe schaffen.
> - Liegen die Werte der einzelnen Qualitätsmerkmale oder Erfolgsfaktoren über dem Durchschnittswert von 3, besteht keine erkennbare Gefährdung. Hier liegen Ihre Stärken. Sie sollten sich allerdings weiterhin bemühen, die einzelnen Wettbewerbsvorteile weiter auszubauen.

## 9.1 Schnelltest 1: Beurteilung des Vertretungssortiments

| Qualitätsmerkmale | Erläuterungen | trifft voll und ganz zu/ trifft nicht zu<br>1  2  3  4  5<br>(bitte nachstehend ankreuzen) |
|---|---|---|
| Kaufverbund der Produkte | Ergänzen sich meine Vertretungen bzw. die von mir angebotenen Produkte gegenseitig sinnvoll? | O - O - O - O - O |
| Tiefe und Breite des Produktprogramms | Ist mein Vertretungsprogramm vielfältig genug, um die Kundenwünsche differenziert befriedigen zu können? | O - O - O - O - O |
| Qualitätsstandard der Produkte | Erfüllen die von mir angebotenen Produkte die von meinen Kunden gewünschte Mindestqualität? | O - O - O - O - O |

## 9.1 Schnelltest 1: Beurteilung des Vertretungssortiments

| Qualitätsmerkmale | Erläuterungen | trifft voll und ganz zu/ trifft nicht zu<br>1  2  3  4  5<br>(bitte nachstehend ankreuzen) |
|---|---|---|
| Kundennutzen | Eignen sich die von mir angebotenen Produkte zur Befriedigung der Wünsche meiner Kunden? | O - O - O - O - O |
| Modernität | Sind die von mir angebotenen Produkte dem aktuellen technischen Stand angepasst? | O - O - O - O - O |
| Technischer Vorsprung | Haben die von mir angebotenen Produkte Vorteile im Vergleich zu den Konkurrenzprodukten? | O - O - O - O - O |
| Flexibilität | Reagieren meine vertretenen Unternehmen schnell bei Geschmacksveränderungen und Sonderwünschen meiner Kunden? | O - O - O - O - O |
| Preis-Leistungs-Verhältnis | Sind die Preise angemessen im Vergleich zu den Konkurrenzprodukten? | O - O - O - O - O |
| Design, Formgebung | Entspricht das Äußere der von mir angebotenen Produkte dem Zeitgeschmack? | O - O - O - O - O |
| Markenimage | Stehen die Namen meiner vertretenen Unternehmen/der von mir angebotenen Produkte bei den Abnehmern für positive Merkmale? | O - O - O - O - O |
| Umweltverträglichkeit | Belastet die Nutzung der von mir angebotenen Produkte die Umwelt gering; lassen sich die eingesetzten Materialien und die Verpackung problemlos entsorgen? | O - O - O - O - O |

## 9.2 Schnelltest 2: Beurteilung der Marktposition und der Marktstrategien

| Qualitätsmerkmale | Erläuterungen | trifft voll und ganz zu / trifft nicht zu<br>1  2  3  4  5<br>(bitte nachstehend ankreuzen) |
|---|---|---|
| Marktdurchdringung | Ist der Zugang zu den Kunden in ausreichendem Maße vorhanden? | O - O - O - O - O |
| Kundenpotenzial | Ist die wirtschaftliche Bedeutung der einzelnen Kunden bekannt und wird dies bei der Kundenbetreuung berücksichtigt? | O - O - O - O - O |
| Vorsprung durch Kundenbeziehung | Ist mein Beziehungsmanagement | |
| | zu den vertretenen Unternehmen, | O - O - O - O - O |
| | zu den Kunden so aufgebaut, dass es mir Vorteile verschafft? | O - O - O - O - O |
| Fähigkeit zur Innovation im Vertretungssortiment | Werden neue Vertretungen mit neuen Produkten in angemessenen zeitlichen Abständen aufgenommen? | O - O - O - O - O |
| Fähigkeit zur Innovation im Servicebereich | Werden die Serviceleistungen für meine Kunden ausgebaut? | O - O - O - O - O |
| Nischenstrategie | Hat meine Handelsvertretung durch die Bearbeitung eines Marktsegmentes einen Konkurrenzvorsprung? | O - O - O - O - O |
| Kostenstrategie | Ist meine Handelsvertretung in der Lage, die Vertriebsleistungen zu niedrigeren Kosten anzubieten als | |
| | konkurrierende Handelsvertretungen, | O - O - O - O - O |

## 9.3 Schnelltest 3: Beurteilung der Marktbearbeitung

| Qualitätsmerkmale | Erläuterungen | trifft voll und ganz zu / trifft nicht zu<br>1  2  3  4  5<br>(bitte nachstehend ankreuzen) |
|---|---|---|
|  | der unternehmenseigene Außendienst? | O - O - O - O - O |
| Diversifikation | Wird der Aufbau weiterer Standbeine (z.B. Eigengeschäft) neben dem Vermittlungsgeschäft erfolgreich betrieben? | O - O - O - O - O |

## 9.3 Schnelltest 3: Beurteilung der Marktbearbeitung

| Qualitätsmerkmale | Erläuterungen | trifft voll und ganz zu / trifft nicht zu<br>1  2  3  4  5<br>(bitte nachstehend ankreuzen) |
|---|---|---|
| Beziehungen zu den Kunden | Sind Häufigkeit und Qualität des Kontakts zu meinen Kunden ausreichend? | O - O - O - O - O |
| Neukundengeschäft | Bemühe ich mich intensiv um neue Kunden? | O - O - O - O - O |
| Beziehungen zu vertretenen Unternehmen | Sind Häufigkeit und Qualität des Kontakts zu den vertretenen Unternehmen ausreichend? | O - O - O - O - O |
| Abhängigkeit von wenigen Kunden | Hat der Ausfall eines Kunden für meine Handelsvertretung existenzielle Auswirkungen? | O - O - O - O - O |
| Abhängigkeit von einem vertretenen Unternehmen | Hat der Bruch der Geschäftsbeziehung mit einem vertretenen Unternehmen existenzielle Auswirkungen auf meine Handelsvertretung? | O - O - O - O - O |
| Tourenplanung | Wird die Kundenbetreuung unter Effizienzgesichtspunkten durchgeführt? | O - O - O - O - O |

| Qualitätsmerkmale | Erläuterungen | trifft voll und ganz zu/ trifft nicht zu<br>1  2  3  4  5<br>(bitte nachstehend ankreuzen) |
|---|---|---|
| Verhandlungsposition | Ist meine Verhandlungsposition gegenüber den | |
| | vertretenen Unternehmen eher schwach, | O - O - O - O - O |
| | gegenüber den Kunden eher schwach? | O - O - O - O - O |
| Werbemittel-Einsatz | Setze ich Werbemittel (Firmenprospekte, Werbebriefe, Anzeigen usw.) zur Vermarktung meiner Vertriebsleistungen ein? | O - O - O - O - O |
| Effizienz der Lagerhaltung | Ist das Verhältnis zwischen Lieferfähigkeit und Lagerkosten optimiert? | O - O - O - O - O |
| Erscheinungsbild | Wirkt das äußere Erscheinungsbild meiner Handelsvertretung (Bürogebäude, Verkaufsräume, Firmenfahrzeuge) gepflegt? | O - O - O - O - O |
| Kundenorientierung | Stehe ich oder steht einer meiner Mitarbeiter unseren Kunden auch zu besonderen Zeiten zur Verfügung? | O - O - O - O - O |
| Kundenwünsche | Werden Kundenwünsche auch durch Kundenbefragungen ermittelt? | O - O - O - O - O |
| Angebotsablehnung | Werden bei Kunden, die ein Angebot ablehnen, auch die Gründe hinterfragt? | O - O - O - O - O |
| Termine | Achten wir bei unseren Kunden auf die Einhaltung zugesagter Termine? | O - O - O - O - O |

## 9.3 Schnelltest 3: Beurteilung der Marktbearbeitung

| Qualitätsmerkmale | Erläuterungen | trifft voll und ganz zu / trifft nicht zu<br>1  2  3  4  5<br>(bitte nachstehend ankreuzen) |
|---|---|---|
| Erreichbarkeit | Ist unsere Handelsvertretung auch außerhalb der regulären Arbeitszeit telefonisch für unsere Kunden und vertretenen Unternehmen zu erreichen? | O - O - O - O - O |
| Kommunikation | Ist in unserer Handelsvertretung sichergestellt, dass eingehende Anfragen per Fax oder E-Mail im Laufe des folgenden Werktags beantwortet werden? | O - O - O - O - O |
| Vorsprung durch Service | Sind die Servicekräfte meiner Handelsvertretung besser als die der Konkurrenz? | O - O - O - O - O |
| Informationen | Sind in meiner Handelsvertretung Informationen über | |
| | die vertretenen Unternehmen, | O - O - O - O - O |
| | die Kunden, | O - O - O - O - O |
| | den Markt | O - O - O - O - O |
| | ausreichend vorhanden? | |
| Unterstützung | Ist bei meiner Marktbearbeitung die Unterstützung durch die vertretenen Unternehmen ausreichend? | O - O - O - O - O |
| Störanfälligkeit | Besteht die Gefahr eines Stillstandes des Betriebsablaufs im Innendienst oder der Kundenbetreuung? | O - O - O - O - O |
| Durchlaufzeiten | Ist eine rasche Bearbeitung der Aufträge gewährleistet? | O - O - O - O - O |

## 9.4 Schnelltest 4: Beurteilung der Mitarbeiter

| Qualitätsmerkmale | Erläuterungen | trifft voll und ganz zu/ trifft nicht zu<br>1  2  3  4  5<br>bitte nachstehend ankreuzen |
|---|---|---|
| Ausbildung | Sind die Mitarbeiter meiner Handelsvertretung gut ausgebildet? | O - O - O - O - O |
| Erfahrung | Verfügen meine Mitarbeiter über eine ausreichende Branchenerfahrung? | O - O - O - O - O |
| Motivation | Ist der persönliche Einsatz meiner Mitarbeiter hoch? | O - O - O - O - O |
| Personaleinsatz | Sind meine Mitarbeiter im Innen- und Außendienst so eingesetzt, dass ein effizienter Betriebsablauf gewährleistet ist? | O - O - O - O - O |
| Weiterbildung | Werden zur Verbesserung der Mitarbeiterqualifikation Weiterbildungsmöglichkeiten angeboten? | O - O - O - O - O |
| Entlohnung | Sind Lohnhöhe und Entlohnungsform meiner Mitarbeiter im Vergleich zur Konkurrenz angemessen? | O - O - O - O - O |
| Vertretungsplan | Gibt es in meiner Handelsvertretung eine eindeutige Vertretungsregelung? | O - O - O - O - O |
| Organisation | Sind die Tätigkeits- und Verantwortungsbereiche meiner Mitarbeiter klar geregelt? | O - O - O - O - O |
| Anreizsystem | Werden gute Leistungen durch Provisionen, Prämien oder sonstige Vergütungen zusätzlich honoriert? | O - O - O - O - O |
| Auftreten | Verhalten sich meine Mitarbeiter korrekt gegenüber unseren Kunden und vertretenen Unternehmen? | O - O - O - O - O |

## 9.5 Schnelltest 5: Beurteilung der Geschäftsführung

| Qualitätsmerkmale | Erläuterungen | trifft voll und ganz zu / trifft nicht zu<br>1  2  3  4  5<br>bitte nachstehend ankreuzen |
|---|---|---|
| Führungskompetenz | Findet die Geschäftsführung bei den Mitarbeitern fachliche und menschliche Akzeptanz? | O - O - O - O - O |
| Durchsetzungsvermögen | Ist die Geschäftsführung in der Lage, Ideen durchzusetzen? | O - O - O - O - O |
| Führungsstil | Ist die Kommunikation mit den Mitarbeitern gut; versteht die Geschäftsführung zu motivieren? | O - O - O - O - O |
| Aufbauorganisation | Sind die Verantwortungsbereiche klar abgegrenzt? | O - O - O - O - O |
| Flexibilität | Ist die Handelsvertretung so organisiert, dass sie auf äußere Einflüsse reagieren kann? | O - O - O - O - O |
| Delegation | Wird Verantwortung auch auf die Mitarbeiter verteilt? | O - O - O - O - O |
| Führungsmittel | Stehen mir für die Führung meiner Handelsvertretung betriebswirtschaftliche Kennzahlen zur Verfügung? | O - O - O - O - O |
| Weiterbildung | Nehme ich als Inhaber oder Geschäftsführer an Weiterbildungsveranstaltungen teil? | O - O - O - O - O |
| Informationsquellen | Nutze ich verschiedene Informationsquellen (Fachpublikationen, Messen, Berater usw.), um mich über aktuelle Entwicklungen auf dem Laufenden zu halten? | O - O - O - O - O |
| Rechnungswesen | Verfüge ich über ein funktionierendes Rechnungswesen, das ich zur Erstellung regelmäßiger betriebswirtschaftlicher Analysen meiner Handelsvertretung nutzen kann? | O - O - O - O - O |
| Kundenkontakte | Investiere ich auch als Inhaber/Geschäftsführer genügend Zeit für Kundenkontakte? | O - O - O - O - O |

## 9.6 Schnelltest 6: Beurteilung der betrieblichen Rahmenbedingungen

| Qualitätsmerkmale | Erläuterungen | trifft voll und ganz zu/ trifft nicht zu<br>1  2  3  4  5<br>bitte nachstehend ankreuzen |
|---|---|---|
| Rechtsform | Ist die Rechtsform angemessen? | O - O - O - O - O |
| Eigentumsverhältnisse | Sind die Eigentumsverhältnisse so geregelt, dass unternehmensschädliche Konflikte vermieden werden können? | O - O - O - O - O |
| Kapitalstruktur | Ist der Anteil von Eigen- und Fremdkapital ausgewogen? | O - O - O - O - O |
| Finanzreserven | Ist ein finanzielles Polster vorhanden? | O - O - O - O - O |
| Eigenkapital-beschaffungs-möglichkeiten | Ist die Kapitalaufnahme durch Gesellschafter möglich? | O - O - O - O - O |
| Fremdkapital-beschaffungs-möglichkeiten | Ist die Kapitalaufnahme durch Kreditinstitute möglich? | O - O - O - O - O |
| Nachfolge | Ist die Unternehmernachfolge geregelt? | O - O - O - O - O |
| Standort | Besteht eine gute Anbindung zu den Kunden und vertretenen Unternehmen? | O - O - O - O - O |
| Kommunikationsmittel | Entsprechen die in meiner Handelsvertretung eingesetzten Kommunikationsmittel (PC, Laptop, Handy usw.) dem heutigen „Stand der Technik"? | O - O - O - O - O |
| Geschäftsausstattung | Entspricht die Betriebsausstattung den Anforderungen des Marktes und ermöglicht einen rationellen Geschäftsablauf? | O - O - O - O - O |

The manufacturer's authorised representative in the EU is Springer Nature Customer Service Centre GmbH, Europaplatz 3, 69115 Heidelberg, Germany. If you have any concerns regarding our products, please contact ProductSafety@springernature.com

Printed and bound by CPI Group (UK) Ltd, Croydon, CR0 4YY
23/03/2026
02076461-0008